《走向2049的国家发展战略研究》丛书

国家出版基金项目
NATIONAL PUBLICATION FOUNDATION

中国交通现代化的战略研究
从"十三五"到2049

盛磊 著

ZHONGGUO JIAOTONG XIANDAIHUA DE
ZHANLUE YANJIU
CONG SHISANWU DAO 2049

企业管理出版社
ENTERPRISE MANAGEMENT PUBLISHING HOUSE

图书在版编目（CIP）数据

中国交通现代化的战略研究：从"十三五"到2049/盛磊著.
—北京：企业管理出版社，2019.12
（走向2049的国家发展战略研究/洪崎，贾康，黄剑辉主编）
ISBN 978-7-5164-2078-2

Ⅰ.①中… Ⅱ.①盛… Ⅲ.①交通运输业—现代化建设—研究—中国
Ⅳ.①F512.3

中国版本图书馆CIP数据核字（2019）第275698号

书　　名	中国交通现代化的战略研究：从"十三五"到2049
作　　者	盛　磊
责任编辑	郑　亮　　徐金凤
书　　号	ISBN 978-7-5164-2078-2
出版发行	企业管理出版社
地　　址	北京市海淀区紫竹院南路17号　邮编：100048
网　　址	http：//www.emph.cn
电　　话	编辑部（010）68701638　发行部（010）68701816
电子信箱	qyglcbs@emph.cn
印　　刷	北京环球画中画印刷有限公司
经　　销	新华书店
规　　格	170毫米×240毫米　16开本　11.75印张　180千字
版　　次	2019年12月第1版　2019年12月第1次印刷
定　　价	88.00元

版权所有　　翻印必究·印装错误　　负责调换

《走向2049的国家发展战略研究》丛书

丛书顾问

刘明康　刘世锦

丛书编委会
主编

洪　崎　贾　康　黄剑辉

编委（按姓氏笔画为序）

王　庆	王　诚	王广宇	白重恩	冯俏彬	刘　薇	许元荣
李　波	李万寿	宋　泓	张　瑾	张茉楠	张影强	金海年
洪　崎	姚余栋	姚枝仲	贾　康	夏　斌	徐以升	黄　锟
盛　磊	黄剑辉	董克用	管益忻	樊　纲	樊继达	魏　杰

《走向2049的国家发展战略研究》丛书

序

新供给经济学推进研究创新，是回应时代诉求和挑战的自觉努力行为。在创始初期，新供给研究团队就特别强调，不是为创新而创新，在世界金融危机冲击之下，主流经济学总体上必须进行反思，而反思应该有理性的高水平创新；在现实生活方面，在和平发展对接伟大民族复兴和现代化中国梦的关键时期，我们必须在转轨期间得到理论之光的烛照引领，要把理论密切联系实际取向下，新供给群体形成的"融汇古今、贯通中西"的现实努力，对接到我们站在前人肩膀上的研究成果之上，集大成地推进锐意创新，促进理性认识升华。这是研究者立身时代潮流当中的应有作为。

作为新供给经济学研究的重大研究项目，本丛书发布的面对中华人民共和国成立100周年的"中国2049战略"研究成果，反映了我们新供给经济学研究团队创立初期就确立的、在研究中必须明确"五年规划与四十年规划并重"的基本考虑，以引出制定基于全球视野的国家中长期发展战略，以及在前所未有的长期概念之下超越30年眼界并对接到实现"中国梦"时间段的综合发展战略。

新供给研究群体内的，以及帮助、支持新供给研究的专家，在国内研究界具有很大影响力。2014—2017年历经四年，大家共同致力于这项课题的研究：短中期而言，该研究形成的认识和成果正在对接即将具体化的"十三五"规划，以及2020年既定的全面小康目标的实现；长期而言，该研究要对接伟大民族复兴和现代化中国梦。中国正处于和平发展、和平崛起的关键时期，从现在到 2020 年，除了全面小康目标的实现以外，攻坚克难的改革必须力争按中央要求取得决定性成果，同时还必须实现全面的法治化与全面的从严治党。在经济转轨过程中，对攻坚克难的复杂性和任务的艰巨性已具共识的前提下，面对这一必经过程，我们更应努力提供理论供给的有力支持。

就目前学界相关研究现状来看，国内尚无 30 年以上大跨度的系统化专业课题和专项研究，国外 30 年以上视界的国家战略规划研究也极为鲜见。然而，我们已经从一系列值得称道的长期研究框架中得到重要启示，比如中国辛亥革命以后孙中山先生就通盘考虑过的"建国方略""建国大纲"，又比如"二战"后一些欧洲有远见的政治家注重考虑，最后引到现实生活，目前在整个世界格局里非常有影响力的欧洲货币联盟。中国改革开放的过程中，可以越来越清晰地看到，我们实际上就是按照邓小平 70 年眼界"三步走"的伟大战略构想，在一步步地往前运行。这些都给了我们非常宝贵的启示和激励。鉴于此，我们更应力求做好这一在具体形态上有首次特征的、超越 30 年眼界的规划性战略研究。

新供给经济学研究团队的长期发展战略研究，以具有优化顶层规划、助益科学发展、形成促进国家现代化治理的有效供给功能为目标，怀揣国人一直以来就推崇的全面长远的心胸和眼界，在所谓"不谋全局者，不足以谋一域；不谋万世者，不足以谋一时"的共识下，充分认识当下"四个全面"新时期，走向"强起来"新时代迫切需要顶层规划与底层创业创新两个层面的良性互动，深知从规划视角考虑有效供给，绝不能坐等微观、局部试错过程。新供给 2049 战略研究，正是力图从学理和实证综合上支持顶层规划，同时注意服务于基层民间的创新创业。

从智力视角分析，我们高度认同"智库"的重要性。习近平总书记特别强调，智库关联着各个国家在国际合作和竞争中打造软实力的供给竞争。民间独立智库，也是华夏新供给经济学研究院的定位，具有现代社会竞争发展、合作、供给进程中一定的不可替代性。新供给经济学相关研究的导向，既不是"官场规则"，也不是"反对派规则"，而是具有独立、公正、专业的学术严谨性诉求，把握创新中的规范性，努力形成全面、深刻、务实的导向，以战略高度上的洞察力对接具备建设性、策略性、可操作性的研究成果。

新供给2049的战略研究，致力于服务党的十八大、十九大提出的方针和战略部署的实施，以长期、超长期的视角，支持从当下到中长期、大纵深的科学决策，进一步聚焦进入中等收入、中高收入阶段的最关键时期，一直联通至前瞻中华人民共和国成立100周年。中国目前面临如何跨越"中等收入陷阱""福利陷阱""转轨陷阱""塔西佗陷阱"等一系列历史性的综合考验。"中等收入陷阱"概念在当下讨论中已引起轩然大波，虽然这个概念本身有其边界量化的一定"模糊性"，但我们还是愿意强调：基于全球范围内的统计现象与中国发展中的矛盾凸显来判断，这是一个无可回避的"真问题"，而且对于"中国梦"来说是顶级性质的"真问题"。"中国2049战略"研究成果，愿与各方交流、互动，以期产生启发、促进功能和决策参考作用，催化全盘思维、工作要领和重点方案的合理优化，由此联系和助益天下苍生、民生社稷、国家前途、民族命运及世界未来。

面对时代的客观需要，新供给经济学研究群体作为有担当、有社会责任感的中国知识分子和研究者，志在把握"天下家国"情怀具象化的时代定位，为党的十九大提出的"全面建成小康社会，夺取新时代中国特色社会主义伟大胜利，实现中华民族伟大复兴"宏伟目标，做出应有贡献。

洪崎　贾康
2018年春

《走向2049的国家发展战略研究》丛书

前言

从当下展望2049年，还有30年的时间。2049年已经被历史赋予了特殊的意义，这个中华人民共和国成立100周年的时点，也将是中国改革开放战略决策的总设计师邓小平当年所规划的以约70年的时间段（1980—2050年）经过"三步走"实现中华民族伟大复兴——习近平总书记生动表述的"中国梦"梦想成真的"除夕之夜"，是自工业革命落伍、落后的这个文明古国，终于凤凰涅槃般浴火重生、和平崛起的见证之年。

从"十三五"前瞻到2049年，做国家发展战略的系列化研究，是我们研究群体于"十三五"开局之前的自觉选择。经过骨干成员反复研讨，形成了一个主报告和十余个专题报告的通盘设计。在全体研究者的高度重视、共同努力下，终于在2016年年底使文稿初具规模，又经过几轮补充完善、反复修改打磨，最终将全部成果合成丛书，付梓奉献给读者。

面向2049年的国家长期发展战略研究，具有不寻常的背景：

一是伟大民族复兴愿景的召唤。中国这一人类历史上唯一古老文明没有中断的多民族大国，自以1840年鸦片战争为标志拉开近现代史帷幕后，曾一路积贫积弱，内忧外患，经甲午海战惨败、戊戌变法夭折之后，在20世纪陆续展开辛亥革命推翻两千年帝制，1949年成立中华人民共和国以及1978年后实行改革开放三件大事，终于在"千年之交"之后，站在现代化前两步目标提前实现的新的历史起点上，继续大踏步地跟上时代，一直推进到2012年中国共产党的第十八次全国代表大会开启经济、政治、社会、文化、生态"五位一体"全面布局的发展新阶段，经济总量已经跃升为全球第二位，并有望在未来不太长的历史时期之内上行至世界第一。2017年党的十九大，进一步指出了在"强起来"历史新时代，新的"两步走"现代化奋斗目标：如能在人均国民收入提高进程中成功跨越"中等收入陷阱"，并继续提升硬实力、软实力而和平崛起，就将于2035年基本建成社会主义现代化，并把中国现代化的宏观蓝图在2049年的时点上作为竣工大成之品，以现代化强国之姿展现于世界民族之林——"我们从未如此接近伟大民族复兴的愿景"，这个愿景鼓舞和呼唤着我们以集体合作的方式，提供服务于"梦想成真"的战略思维和科研成果。

二是"行百里者半九十"艰巨任务的挑战。在改革开放之后成功地实现了超常规高速发展和经济起飞而进入中等收入经济体之后，中国的经济运行虽然在总体上仍然具有巨大的发展潜力、成长性和"黄金发展期"特征，但"矛盾凸显期"的特征接踵而来，各种制约因素的叠加，形成了自2011年以来告别了高速发展阶段并向必须认识、适应还要引领的"新常态"阶段转换，同时改革进入深水区，"好吃的肉吃光了，剩下的都是硬骨头"，必须攻坚克难冲破利益的藩篱，以实质性的国家治理现代化进程解放生产力，对冲下行压力，才能形成旧动能衰退后新动能的转换升级，使发展方式加快转变，使增长过程维护其可持续性与长远的后劲，避免重蹈世界上绝大多数经济体已有前车之鉴的"中等收入陷阱"覆辙，完成中国古语譬喻的"行百里者半九十"的现代化长征。未来30余年征程中的一系列艰巨的改革发展任务，形成了历史性的挑战和考验，为应对好这种挑战，经受住这种考验，必须有尽可能高水平的战略层面的系统化研究设计，对决策和相关政策的优化给予有力支撑。

三是以知识创新工程式的智力支持，助推冲破"历史三峡"的迫切要求。在党的十八大以来，最高决策层经三中、四中、五中和六中全会，将治国施政的核心理念和大政方针一步步清晰化的过程中，高度重视哲学社会科学的创新、中国特色社会主义政治经济学的发展和智库建议，继现代化国家治理、"四个全面"战略布局以及以创新发展引领协调、绿色、开放、发展而落实于共享发展的现代化发展理念得到清晰明确的表述之后，又提出了供给侧结构性改革的战略方针，认定供给侧是矛盾主要方面，而以有效制度供给纲举目张地要求将改革进行到底，冲破最终实现中国梦的"历史三峡"，这客观地产生了对于"知识创新工程"式的智力支持的迫切需要，亟须以走向2049伟大民族复兴的长期视野、战略研究，助推中国经济社会的巨轮涉险滩、闯激流，克服一切艰难与风险，达于现代化的计日程功。

在此背景下，新供给智库"中国2049战略"研究成果出版发布的时代意义，便呼之欲出了。

第一，这一系列丛书反映的研究创新是回应时代诉求和现实生活挑战的自觉努力行为。智库的创始与工作，并不是为创新而创新，而首先是基于全球视野——在世界金融危机冲击之下，对主流经济学总体上的反思与创新势在必行，而反思中应该有对应于中国道路、中国方案的理性的高水平创新成果。在以和平发展对接伟大民族复兴和现代化中国梦的关键时期，我们必须在转轨中得到理论之光的烛照引领，把理论密切联系实际取向下新供给群体形成的"融汇古今、贯通中西"的共识对接我们经过努力"站在前人的肩膀上"的研究成果，集大成式地推进改革，促成发展升级，这是研究者立身时代潮流当中的应有作为。

第二，面对中华人民共和国成立100周年的"中国2049战略"研究成果，反映了我们早期就确立的新供给研究中必须明确地把"五年规划与四十年规划并重"的基本考量。努力实施研究而来的这项成果，要引出制定基于全球视野的国家中长期发展战略，这是在前所未有的长期概念之下，超越30年眼界，对接到实现中国梦时间段的发展战略，即从具体化的"十三五"规划，以及2020年既定的全面小康目标的实现，进一步延伸至伟大民族复兴和现代化中国梦的实现。中华民族正处在和平发展、和平崛起的关键时期，到2020年，中央要求除了全面小康目标的实现以外，攻坚克难的改革必须取得决定性成果，同时必须实现全面的法治化和全面的从严治党——攻坚克难的复杂性和任务的艰巨性，催促理论与智力供给的有力支持。虽然在国内还没有出现过30年以上时间跨度的类似课题的系统化专项研究，也没有检索到国外30年以上视界的国家战略规划研究，但是我们可以从一系列值得称道的研究框架中得到重要启示：比如中国辛亥革命前后孙中山先生就考虑过"建国方略""建国大纲"；"二战"后一些欧洲有远见的政治家早已积极考虑，最后引到现实生活而在整个世界格局里产生重大影响力的欧洲货币同盟。在中国 40 年改革开放的过程中间，越来越清晰地看到，我们实际上就是按照邓小平的 70 年眼界"三步走"伟大战略构想，在一步步前行，这些都可以给智库的长期战略研究以非常宝贵的启示和激励。2017 年党的十九大进一步做出了 2035 年基本实现社会主义现代化，到 2049 年前后把我国建设成为现代化强国的战略规划。正是基于这种认知，我们以极大的热情投入并完成了这一在具体形态上有首次特征、超越 30 年眼界的规划性战略研究。

第三，这项长期发展战略研究具有优化顶层规划、助益科学发展、促进国家现代化治理的有效供给功能。从规划视角分析，中国人一向推崇有全面、长远的心胸和眼界，研究者都认同这样一种取向，所谓"不谋全局者，不足以谋一域；不谋万世者，不足以谋一时"。在十八大迈向十九大的新时期和十九大后的新时代，迫切需要顶层设计与市场微观主体两个层面的良性互动。"中国 2049 战略"研究力求从学理和实证方面支持顶层规划，同时注重呼应基层民间的创新创业。从智力支持视角分析，我们高度认同"智库"的重要性。习近平总书记特别强调智库建设，这关联着各个国家在国际合作和竞争中打造软实力供给的竞争。民间独立智库，也是新供给经济学研究群体的定位，具有现代社会竞争发展、合作、供应进程中的不可替代性。我们研究中的导向既不是"官场规则"，也不是"反对派规则"，而是具有独立、公正、专业的学术严谨性，把握创新中的规范性，力求形成全面、深刻、务实的导向，以战略高度的洞察力对接具备建设性、策略性、可操作性的研究成果。

第四，新供给智库关于"中国 2049 战略"的研究是各方共同应对时代挑战和中国现代化决定性历史考验的一项认知、交流和催化的基础工作。从"十三五"规划时期开始，"中国 2049 战略"研究具有"对应、涵盖但不限于"的特点，是把这些时点目标放在自己研究范围之内，再往前衔接，以长期、超前期的视角支持从当下到中长期的科学决策，聚焦进入中等收入阶段、中高收入阶段的最关键时期，是前瞻中华人民共和国成立百年而启动的系统工程式研究。我们内含的命题是如何应对"中等收入陷阱""福利陷阱""转轨陷阱""塔西佗陷阱"等一系列历史性的综合考验。"中等收入陷阱"概念屡屡引起争议,虽然这个概念本身有边界量化的"模糊性",但是我们愿意强调,它是世界范围内的一种统计现象的比喻式表述,是无可回避的"真问题",而且对于"中国梦"来说是顶级性质的"真问题"。研究的成果需要与各个方面交流和互动,以期待实现启发、促进功能和决策参考作用。我们愿以基础认识催化全盘思维、要领和重点方案的合理优化。各方面在启发、促进、交流的互动中,共同的努力也就关联了天下苍生、民生社稷、国家前途、民族命运及世界未来。

总之,我们从事这项研究、推出这套丛书的立场,确实是面对时代的客观需要,以智库研究成果与所有愿为中华民族伟大复兴做出贡献的人们互动,力求再接再厉,共同努力做好与"中国梦"相关联的研究和各项工作,以不负伟大的新时代。

贾　康

2018 年春

目录

第一篇 理 论

第一章 导 论 / 003

一、研究背景与意义 / 003

二、研究目标与框架结构 / 004

三、基本观点与主要结论 / 006

（一）"东南壁—西北壁"的交通发展差异化发展格局日渐清晰 / 006

（二）以"绿色、高效、美丽"为理念，实施交通现代化发展战略 / 006

（三）我国交通运输现代化水平差距缩小，有望在2049年弥合 / 007

（四）实施交通现代化的五大重点任务 / 011

第二章 交通现代化的历史演变、现代特征与存在问题 / 013

一、历史演变与回顾 / 013

二、主要特征 / 018

（一）交通基础设施规模快速扩张 / 018

（二）交通运输结构不断优化 / 021

（三）交通运输区域布局结构日趋合理 / 023

（四）交通运输科技创新能力不断增强 / 024

三、存在问题 / 024

（一）运输线路少，通达程度较低 / 024

（二）运输能力紧张，运输质量有待提高 / 025

（三）运输节能减排问题日益突出 / 025

（四）运输方式衔接不畅通，"一体化"服务能力相对薄弱 / 026

第三章 交通现代化区域发展特征——基于胡焕庸线测算分析 / 027

一、交通运输的空间结构分析 / 027

二、交通运输可达性的影响分析 / 032

三、交通土地利用与低碳发展分析 / 033

（一）交通运输方式的土地与环境资源利用分析 / 033

（二）交通运输减排的空间特征 / 036

第四章 国际经验和做法 / 038

一、基于人口、交通密度关系的国际比较 / 038

二、国际经验和做法分析 / 041

（一）基于主要国家和地区维度的国际经验和做法 / 041

（二）基于都市圈维度的国际经验和做法 / 045

三、对中国启示 / 049

第五章 总体思路 / 051

一、指导思想 / 051

二、主要理念 / 052

三、战略目标 / 053

（一）2020年发展目标 / 053

（二）2049年发展目标 / 055

第六章 重点任务 / 056

一、建设综合交通立体空间走廊 / 056

二、构建差别化的交通发展空间格局 / 057

三、加快综合交通的枢纽建设 / 058

四、促进交通运输绿色化发展 / 059

五、积极发展现代物流业 / 060

第七章 保障措施与政策建议 / 062

一、做好规划衔接工作 / 062

（一）建设综合交通体系 / 062

（二）实现新型城镇化与交通现代化的协调发展 / 063

（三）借力产业转型升级的改革红利 / 064

（四）坚持走现代化生态交通道路 / 064

二、深化交通领域投融资改革 / 065

（一）控制和防范交通领域政府性债务风险 / 065

（二）加快建立规范的地方政府举债融资机制 / 066

（三）积极探索和广泛运用政府与社会资本合作模式 / 066

三、全面推进交通领域法治化 / 070

（一）完善交通安全法规体系 / 070

（二）切实改进交通行政执法 / 070

（三）强化交通法律法规的宣传力度 / 071

四、积极引导社会参与 / 072

（一）适当放宽对社会资本进入交通现代化建设的政策限制 / 072

（二）对社会资本给予税收政策优惠和补贴支持 / 072

第二篇 专 题

分报告1 发展历程与现状 / 077

一、我国古代的交通运输体系发展 / 077

二、我国近现代交通运输体系发展 / 081

三、中华人民共和国成立后我国的交通体系建设 / 082

分报告 2　进入 21 世纪以来我国综合交通体系发展的评价分析 / 084

　　一、交通基础设施取得的成就 / 084

　　　　（一）路网设施 / 084

　　　　（二）枢纽设施 / 090

　　二、交通运输服务评价取得成就 / 093

　　　　（一）铁路 / 095

　　　　（二）公路 / 097

　　　　（三）水运 / 099

　　　　（四）民航 / 101

分报告 3　我国综合交通发展格局演变：基于胡焕庸线测算分析 / 104

　　一、我国综合交通运输基础设施发展格局分析 / 104

　　　　（一）总体情况 / 104

　　　　（二）分项情况 / 105

　　二、我国综合交通运输服务发展格局分析 / 107

　　　　（一）交通运输客运量 / 107

　　　　（二）交通运输货运量 / 108

　　三、本章小结 / 109

分报告 4　国际比较与借鉴 / 110

　　一、基本情况 / 110

　　二、国际比较 / 112

　　　　（一）交通运输基础设施的国际比较 / 112

　　　　（二）交通运输服务规模的国际比较 / 117

　　三、国际借鉴 / 122

　　　　（一）美国 / 123

　　　　（二）日本 / 127

（三）法国 / 134

（四）德国 / 139

（五）俄罗斯 / 145

（六）印度 / 150

分报告 5　交通运输服务业的经济、社会、环境效应分析 / 155

一、交通运输服务业的经济效应分析 / 155

二、交通运输服务业的社会效应分析 / 159

（一）交通运输服务业的就业人数 / 159

（二）交通运输服务业的职工工资水平 / 163

三、交通运输服务业的环境效应分析 / 166

第一篇 理 论

第一章

导　论

一、研究背景与意义[①]

本书立足于新供给理论与政策主张，以交通基础建设作为供给侧改革的重要一环，立足交通现代化发展，主动对接"一带一路"、长江经济带、京津冀协同发展三大国家战略和国家主体功能区战略，落实"创新、协调、绿色、开放、共享"新发展理念，为实现"两个一百年"宏伟战略提供政策支撑，对我国2049年交通现代化格局做出历史展望。

在浩瀚的历史长河、广袤的国土空间中，交通始终承载着政治、经济、文化多重功能。交通从某种意义上可以说是规模最宏大的公共服务。无论是由中央政府修建，还是地方政府、民间资本筹资，交通都意味着巨大的开支和债务；无论是通向国土纵深的边疆干线，还是盘桓于乡社的羊肠小道，都关乎一方土地一方人的兴起与衰落。因此，如何在空间与功能的取舍、平衡中配置有限的交通资源，让交通更

[①] 本书源自中关村华夏新供给经济学研究院于2014启动的《战略与路径：迈向2049的中国》系列研究。在研究过程中，受到贾康老师的指导和启发，得到赵霄伟、孙施曼、翟大宇的大力支持，陈维娜、郭上等提供帮助。在此对各位同人的支持参与，以及各位老师、领导的指点关心表示衷心的感谢。

多地与城市、生态、人融合互动，是交通发展沿革中或明或暗，贯穿始终的线索，也是交通现代化过程中不断需要解答的命题。

我国交通的格局，溯至唐代已基本成形，以帝国都城为重要的核心，向东较密集，与较高的经济人口密度相适应；向西北、西南的战略要道越过天堑和荒原，所达之处彰显着国家疆域之广阔。这种交通的疏密关系和战略格局，及至清代更加明显。这种由中国特殊的地理人文结构决定的经济、人口、交通布局，在胡焕庸研究得出的爱辉—腾冲线（后人称之为胡焕庸线）的概括下，得到更加凝练、精准的体现。为此，本书以胡焕庸线为研究切入点，重点回答交通现代化的历史演变、主要特征、存在问题，以及阐述构建差异化的交通发展格局的必要性。在此基础上，通过对标主要发达国家和地区经验数据，提出在未来较长一段时期内发展交通现代化的总体思路、实施路径与政策措施。

二、研究目标与框架结构

本书以胡焕庸线为研究视角，按照"交通—经济—社会—生态"内在逻辑关系进行系统研究，预期达到如下目标：

分析与回顾交通现代化的历史演变。

提出交通现代化的主要特征与存在问题。

科学测算分析交通现代化的空间发展格局。

基于国际经验的比较研究探索中国交通现代化的路径。

提出交通现代化的总体思路。

提出交通现代化发展的重点任务。

提出交通现代化发展的保障措施。

本研究框架结构如图1-1所示。

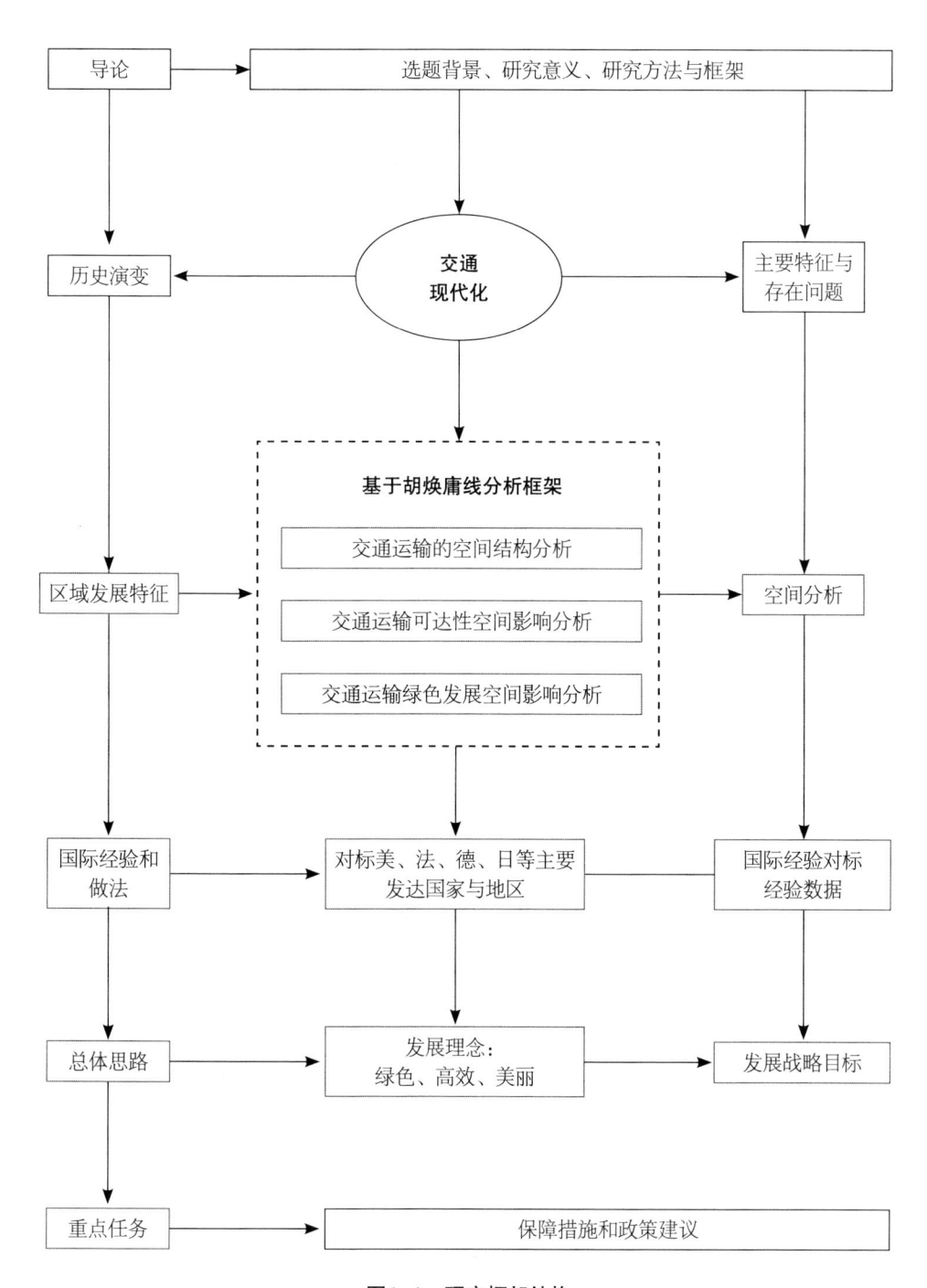

图1-1 研究框架结构

三、基本观点与主要结论

(一)"东南壁—西北壁"的交通发展差异化发展格局日渐清晰

从测算结果来看,无论是交通运输基础设施,还是交通运输服务,我国综合交通发展都呈现出很强的"东南壁—西北壁"的差异化发展格局,与胡焕庸线的基本规律相符合。

按照胡焕庸线的划分来看,2013 年,东南壁交通运输线路里程达到 391.9 万公里[①],占交通运输线路总里程的 85.5%;而西北壁交通运输线路里程仅为 66.6 万公里,占交通运输线路总里程的 14.5%,两者之比约为 5.9 倍。

2013 年,东南壁路网密度达到 90.73 公里/百平方公里,而西北壁路网密度仅为 12.83 公里/百平方公里,两者之比约为 7.1 倍,相对差距由 2000 年 7.9 倍缩小到 2013 年 7.1 倍。

受益于我国西部大开发、主体功能区等区域协调发展政策推动,在测算中选取的交通基础设施与交通运输服务的大部分指标上,东南壁与西北壁的发展相对差距正在逐渐缩小。在胡焕庸线东西部都如此迥异的交通格局下,开展我国交通现代化建设,需要形成完整的差异化发展路径,以建立起与空间地理、国家战略、经济、社会、文化、生态发展相适应的现代综合交通体系。

(二)以"绿色、高效、美丽"为理念,实施交通现代化发展战略

第一,胡焕庸线东南壁——绿色、高效、美丽的均衡发展交通体系。

在胡焕庸线以东经济、人口稠密的国土空间,运输作为一项公共服务基础,应大力提升公路(铁路)、海运、航运等交通方式的可达性,建设高密度的综合交通网络,促进地区经济聚集能力,提高空间溢出效应,发展带状城市群,加强地区间经济关联,缩小地区间、城乡间的差距,促进区域同城化,促进交通与城镇化、生态文明建设融

[①] 为了便于研究,本书的里程单位统一使用公里。

合促进产城融合，致力于打造交通、产业、城市和山水田林湖均衡发展的绿色、高效、美丽的交通格局。绿色，就是要大幅降低交通能耗，提高客货运输效率，提高地区间、城市间、城乡间的交通可达性，构建高效的交通运输体系。高效，就是要提升轨道交通、水运、城市公共交通的运力和综合交通的运输能力，统筹海陆空的交通运输网络体系，培育与带动多极增长发展格局，带动区域一体化，缩小地区差异。美丽，就是要合理开发利用交通土地资源，布局以交通项目为主线的制造业与服务业项目，实现"以产带城、以产促城"的互动模式，实现交通与产城的融合发展。

第二，胡焕庸线西北壁——响应战略部署，适应生态保护的交通体系。

在胡焕庸线以西地广人稀的国土空间中，加强战略性的交通基础设施建设，提高城镇化地区可达性，发展点状中心城市，带动国际交通节点发展，进行与国家战略要求相匹配，与中心城市发展需求相适应，与广大的生态涵养区、保护区、禁止开发区不冲突的交通布局。

第三，国际交通联通——战略合作与市场机制结合的交通建设。

在国际方面，按照国家"一带一路"倡议规划，在完善通向丝绸之路经济带、21世纪海上丝绸之路的国内交通基础设施建设基础上，探索在"一带一路"上的多元合作机制，并且继续根据市场需求加强通向世界各国家和地区的交通联系。

（三）我国交通运输现代化水平差距缩小，有望在2049年弥合

第一，从人口密度来看，2010年，我国人口密度总体（141.0）与捷克（136.2）相当，东南壁（291.5）与英国（257.2）、德国（234.6）、日本（349.7）等国接近，而西北壁（17.1）则介于俄罗斯（8.7）与美国（33.8）之间，地广人稀，如表1-1所示。

表1-1　我国及部分地区人口密度与部分国家对比情况

地区	人口密度/ （人/平方公里）（2010年）	地区	人口密度/ （人/平方公里）（2010年）
全　国	141.0	印　度	411.9
东南壁	291.5	日　本	349.7

续表

地区	人口密度/ （人/平方公里）（2010年）	地区	人口密度/ （人/平方公里）（2010年）
西北壁	17.1	哈萨克斯坦	6.0
北京市	1261.0	韩　国	508.9
天津市	1185.8	巴基斯坦	225.2
上海市	2889.2	越　南	280.3
江苏省	742.0	埃　及	81.5
浙江省	519.7	加拿大	3.8
安徽省	427.3	墨西哥	58.3
山东省	616.4	美　国	33.8
河南省	568.2	捷　克	136.2
湖北省	310.9	法　国	118.8
广东省	589.2	德　国	234.6
重庆市	358.0	意大利	205.6
		荷　兰	492.6
		波　兰	125.5
		俄罗斯	8.7
		西班牙	92.4
		土耳其	94.5
		乌克兰	79.2
		英　国	257.2
		澳大利亚	2.9

数据来源：相关年度的《国际统计年鉴》、相关国家的统计年鉴，以及相关年度的《中国统计年鉴》。

第二，从路网密度来看，2010年，我国铁路网密度为0.95公里/百平方公里，与英国、法国、德国、意大利、日本等发达国家的差距甚远，而与巴基斯坦、土耳其、越南等发展中国家的水平相当。从地区角度来看，我国东南壁铁路营业里程数为 1.66 公里/百平方公里，仅约为英国的 1/8、德国的 1/7、法国的 1/4，日本的 1/3；而西北壁铁路营业里程数为 0.37 公里/百平方公里，低于人口密度相对接近的美国（2.32）和俄罗斯（0.5），如表 1-2 所示。

表1-2　我国及部分地区铁路网密度与部分国家对比情况

地区	铁路网密度/（公里/百平方公里）（2010年）	地区	铁路网密度/（公里/百平方公里）（2010年）
全　国	0.95	印　度	1.95
东南壁	1.66	日　本	5.30
西北壁	0.37	哈萨克斯坦	0.52
北京市	7.12	韩　国	3.38
天津市	6.55	巴基斯坦	0.98
上海市	5.12	越　南	0.71
江苏省	1.80	埃　及	0.52
浙江省	1.68	加拿人	0.58
安徽省	2.03	墨西哥	1.36
山东省	2.44	美　国	2.32
河南省	2.59	捷　克	12.11
湖北省	1.81	法　国	6.12
广东省	1.52	德　国	9.44
重庆市	1.70	意大利	5.98
		荷　兰	7.18
		波　兰	6.29
		俄罗斯	0.50
		西班牙	3.03
		土耳其	1.22
		乌克兰	3.59
		英　国	12.90
		澳大利亚	0.11

数据来源：相关年度的《国际统计年鉴》、相关国家的统计年鉴，以及相关年度的《中国统计年鉴》（下同）。

2010年，我国公路路网密度为41.75公里/百平方公里，与土耳其、越南、巴基斯坦等发展中国家水平相当，与英国、法国、德国、日本等发达国家水平差距较大。从地区角度来看，我国东南壁公路路网密度为79.44公里/百平方公里，与美国发展水平相当，相当于日本的1/4，德国、英国的1/2。我国西北壁公路路网密度为11.09公里/百平方公里，与澳大利亚和埃及发展水平相当，如表1-3所示。

表1-3 我国及部分地区公路路网密度与部分国家对比情况

地区	公路路网密度/ （公里/百平方公里） （2010年）	地区	公路路网密度/ （公里/百平方公里） （2010年）
全　国	41.75	印　度	125.01
东南壁	79.44	日　本	319.63
西北壁	11.09	哈萨克斯坦	3.55
北京市	128.66	韩　国	105.30
天津市	124.46	巴基斯坦	32.45
上海市	145.33	越　南	48.34
江苏省	140.81	埃　及	10.03
浙江省	104.53	加拿大	14.11
安徽省	106.61	墨西哥	18.67
山东省	146.29	美　国	66.58
河南省	148.06	捷　克	165.49
湖北省	110.93	法　国	173.21
广东省	105.75	德　国	180.33
重庆市	142.16	荷　兰	329.70
		波　兰	122.83
		俄罗斯	5.74
		西班牙	131.99

续表

地区	公路路网密度/ （公里/百平方公里） （2010年）	地区	公路路网密度/ （公里/百平方公里） （2010年）
		土耳其	46.28
		乌克兰	28.08
		英 国	172.28
		澳大利亚	10.56

通过对比分析可以看到，我国交通路网密度与发达国家有很大的差距，但是如果把胡焕庸线东西部区分看，按相当的国土空间与人口密度情况对比，差距并没有笼统对比时那么大。随着我国经济社会进步，我国交通建设发展迅速，而发达国家近30年来交通路网密度基本持平，没有增长。因此，只要有清晰的发展思路，我国综合交通运输体系发展水平与发达国家的差距在2049年之际是可以弥合的。

（四）实施交通现代化的五大重点任务

一是在建设我国综合交通立体空间走廊的基础上，大幅提高东南壁的交通路网密度。尤其是轨道交通的路网密度，加强都市圈城际交通体系建设，以适应东南壁地区城镇化和区域一体化的发展要求。二是聚焦西北壁综合交通体系建设。从国家战略出发，在强化生态功能区化的特点与特质基础上，提高交通现代化程度，注重整体布局和沿线开发中的生态保护。三是大力建设综合交通枢纽。按照"零距离换乘、无缝化衔接"要求，加快建设全国性综合交通枢纽和重要区域性综合交通枢纽，加强客运枢纽一体化衔接，实现城市轨道交通、地面公共交通、市郊铁路、私人交通等设施与干线铁路、城际铁路、干线公路、机场等紧密衔接，大力发展多式联运。四是划清生态红线，优化交通运输资源配置，优化交通运输土地资源配置，发展清洁运输，推进节能减排。五是促进现代物流业发展。完善适应东西地区物流特点、需求的物流网络布局。

为此，在体制机制上还需要开展一系列配套工作。包括规划的衔接、交通管理体制改革、投融资体制改革、交通领域法制化和公众参与等。

任重道远，在科技飞跃、理念更新的时期，我国交通发展的进程始终包含着无数的可能性，但也始终因循着自然地理刻画的空间格局。交通现代化的进程，也是在缩短交通时间距离，提高交通承载能力过程中，促进人与自然、增长与生态不断融合的过程。在胡焕庸线两侧看交通，为这一发展过程提供了更加清晰的视角和路径。

第二章

交通现代化的历史演变、现代特征与存在问题

一、历史演变与回顾

综观人类经济社会发展史,每一个发展时期都离不开交通运输的支撑,交通运输在传统社会迈向现代社会的每一个时期,都与社会经济发展相互作用,共同推动人类文明的进步。交通运输已是文明社会摆脱混乱、建立秩序的必要条件,经济社会越发展,交通运输就越重要。

在工业化时期,产业结构先后经历了以纺织工业、采掘原材料工业、机械制造业和重化工业为主的阶段,对煤炭、矿石、石油、工业制成品等货物运输的需求急剧增加,交通运输必须不断扩大运输能力。此时交通发展的理念是加快能力建设,满足不断增长的运输需求,交通发展的重点先后是整治内河航道,大力建设铁路和专业化深水泊位,修建机场和高速公路等设施。这一时期,交通基础设施网络基本形成,但交通运输发展整体上呈现外延扩张的特点,交通运输对环境和能源的不利影响未得到足够重视。

进入后工业化时期,发达国家进入知识经济时代,经济结构发生了深刻变化,微电子、新材料、新能源、生物工程、航天等高新技术及其产业逐步形成并壮大,

出现新经济的特点，运输需求呈现多样化、个性化特点，要求提供更加可靠、快速、方便的运输供给和完善的运输服务。在经历了两次石油危机后，能源供应安全、节能和环境保护日益得到重视。这一阶段，交通发展更加注重质量效益、转向可持续发展，更加注重运用高新技术，实现各种运输方式的有效衔接，通过推进交通信息化、大力发展多式联运等。

发挥综合运输体系的效率。特别是进入21世纪以来，随着全球气候变暖、能源紧缺、城市污染等资源环境问题的日益加剧，交通运输节能减排和可持续发展日益成为全球普遍关注的重要领域，各国更加重视资源和环境问题，开始联合行动保护环境，如表2-1所示。

表2-1 国外交通运输发展模式不同阶段特点分析

阶段		工业化时期	后工业化时期
经济特点		纺织、原材料、机械制造、重化工等为主导产业	信息化、知识经济时代
运输需求特征		需求总量快速增长	多样化、个性化运输需求增加
交通发展模式	理念	加快能力建设	注重质量与效益，追求可持续发展
	方式	大规模整治内河航道、建设铁路和港口、公路、机场和管道，各种运输方式形成网络	采用高新技术提高基础设施使用效率，发展智能交通和综合交通
	效果	运输能力快速增长，机动性提高，对能源环境重视不够	以人为本，强调安全，注重节约资源、保护环境
发展模式特征		数量扩张型	质量效益型

在这个过程中，技术创新和制度创新加速了交通运输业的演进。新技术和新能源的创新，加上市场经济力量的推动，使交通运输的产业生命力倍增。工业革命以来的近200年，交通运输业得以加速发展，先后经过了以水运为主、铁路为主的发

展时期。20世纪50年代以来，随着高速公路、高速铁路、大型喷气式飞机、超级船舶、集装箱运输等技术进步，铁路、公路、水运、航空和管道五种现代运输方式各自得到了快速发展，交通运输已进入各种运输方式共同发展的综合运输阶段，如图2-1所示。

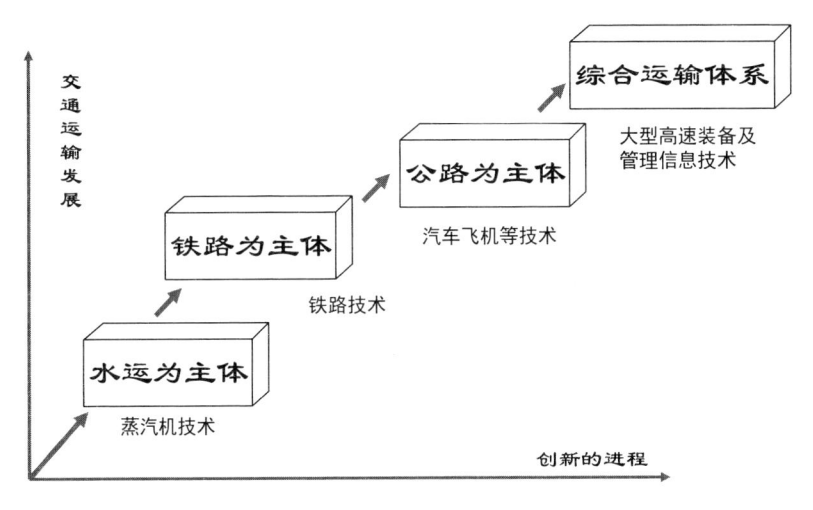

图2-1 交通发展与技术创新的关系示意图

我国交通网络的发展大致可以划分为古代、近代和现代三个大的发展阶段，如图2-2所示。

古代，在元代以前，我国交通网络演进的直接驱动因素主要是政治和军事因素，全国形成了以关中地区为中心，通达全国各行政区的道路网。从元代以后，我国东部地区的交通网络承担的政治和经济功能不断增强，而西部地区的交通网络则更多承担的是政治功能，全国交通网络在原有基础上逐渐转变成了以北京为中心通达全国各行政区的道路网，以及以京杭大运河为骨干的内河航道网。与此同时，南北向交通开始变得更加重要。

近代，我国交通运输业实现了由前运输化阶段向初级运输化阶段的基本过渡。随着近代工业化和城市化的发展，经济因素在驱动我国交通网络演进中的作用显著增强。铁路的发展改变了全国交通网络的基本结构，全国铁路网呈现出了"两纵两横"的空间结构,且绝大多数分布在东部地区。

进入现代以来,我国交通网络在原有空间结构的基础上得到了快速演进。综合交通网络的总体规模和技术装备水平有了显著提高,而且运输结构不断改善,其中公路运输的主导优势上升明显。目前,全国综合交通干线网络已初步形成。

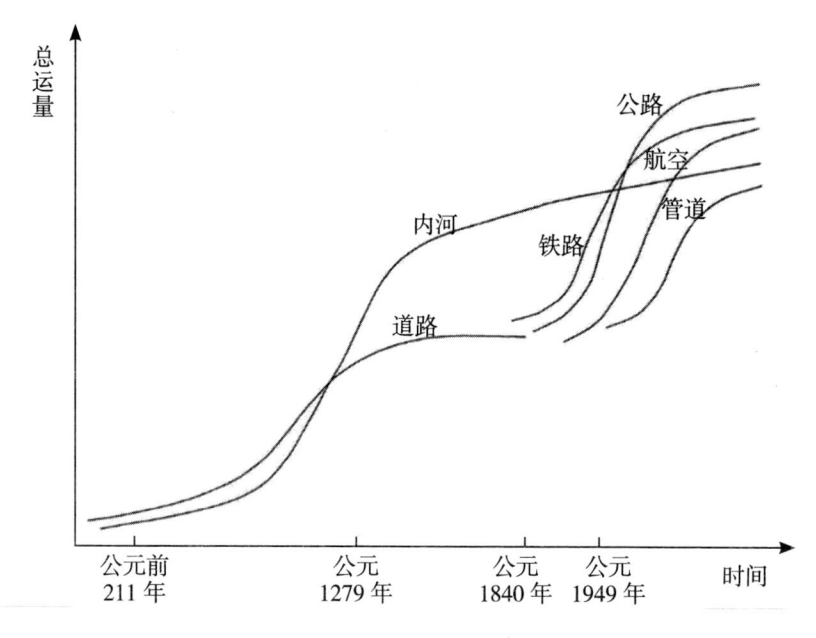

图2-2 主导运输方式的演进

从主导运输方式转换的角度来看,在社会经济和运输化的不同发展阶段,我国的主导运输方式和交通格局都发生过明显的变化。

我国大的交通格局分别经历了以道路运输为主要运输方式的时期;以内河水运为主要运输方式,且南北方向运输通道凸现特别重要地位并形成主干水运网的时期;后来是以铁路开通逐渐彻底改变中国陆上交通网络格局的时期;近年来正处于以铁路网密度增加、高速公路成网、航空业快速成长、多式联运向一体化转变的新时期,如图2-3所示。

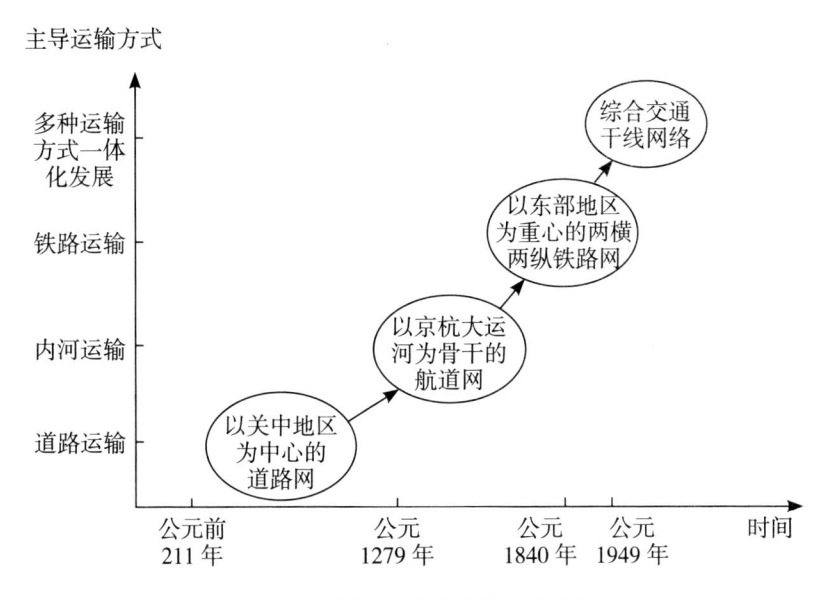

图2-3 运输方式与交通格局的变化

这一时期,我国现代交通格局开始形成。

铁路客运专线、区际干线及西部铁路大规模开工建设。"四横四纵"高速铁路网中的京沪、京广、哈大、郑西等干线和京津、长三角、珠三角区域的城际铁路都已投入运营,极大地缩短了不同区域之间、区域内不同城市之间的空间距离,在很大程度上重塑了中国的交通运输体系。2014年开通的中欧铁路联通了中国与中亚、西亚、欧洲的中欧铁路,进一步贯通了欧亚大陆桥,成为"丝绸之路"在当代的延续。

国家高速公路"7918"路网整体格局已经形成。除以部分区段外,7条首都放射线、9条纵向线路、18条横向线路及若干区域环线和联络线已经建成,形成了全国性的高速公路网络。

内河水运主要涉及22个省(自治区、直辖市),以长江、珠江等水系和京杭运河为主体的内河水运格局基本形成。"两横一纵两网十八线"的高等级航道网络框架建设快步推进,对沿江产业布局与发展发挥重要的引导、支撑作用。

形成了以"北京—上海—广州(深圳)"为中心、区域性枢纽机场为骨干、其他城市支线机场相配合的民航机场分布基本格局。航线密度由东向西逐渐减小。航线多呈南北向分布,在此基础上,又有部分航线从沿海向内陆延伸,呈东西向分布。

二、主要特征

(一)交通基础设施规模快速扩张

21世纪以来,交通运输基础设施网络规模与结构都取得了显著的提高与优化。截至2013年,我国交通运输线路总里程(不含民航航线里程、海上运输线路和油气管道线路)达到458.5万公里,年均增速为8.13%;交通运输路网密度达到47.8公里/百平方公里,年均增速为8.13%,如图2-4所示。

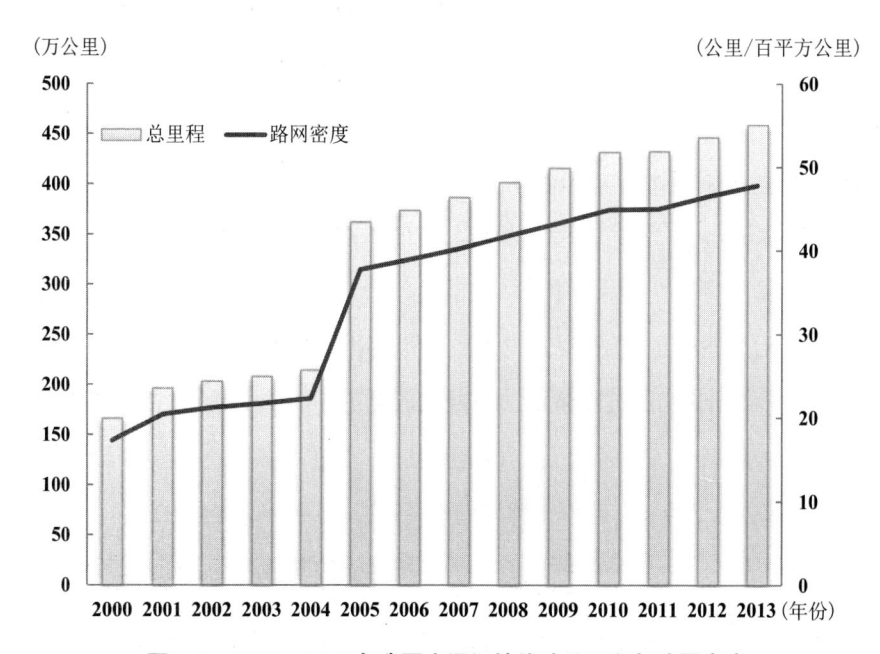

图2-4 2000—2013年我国交通运输线路总里程与路网密度

数据来源:相关年度《中国统计年鉴》。

铁路营业里程达到10.3万公里,年均增速为3.13%;铁路网密度达到1.07公里/百平方公里,年均增速为3.09%,如图2-5所示。

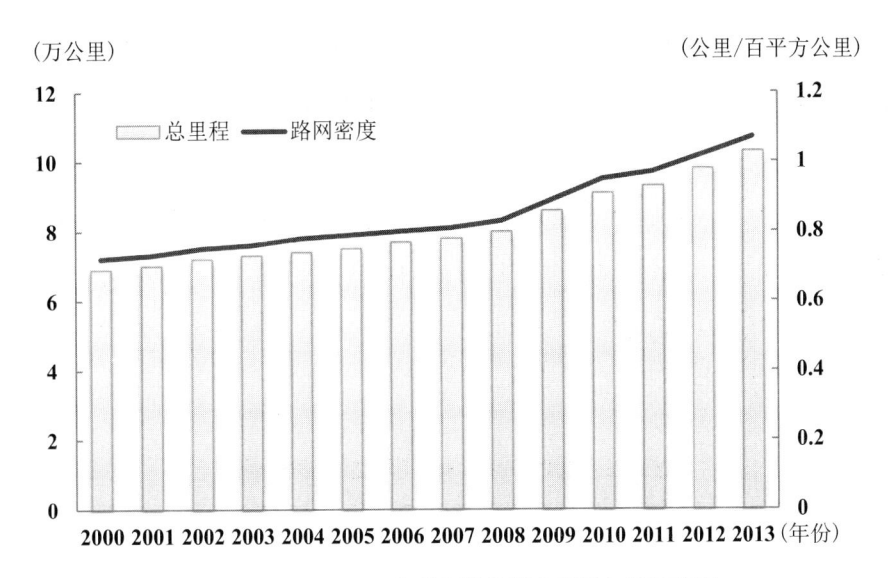

图2-5　2000—2013年我国铁路营业里程与路网密度

数据来源：《中国交通年鉴2014年》。

公路总里程达到435.6万公里，年均增速为9.11%；公路网密度达到45.38公里/百平方公里，如图2-6所示。

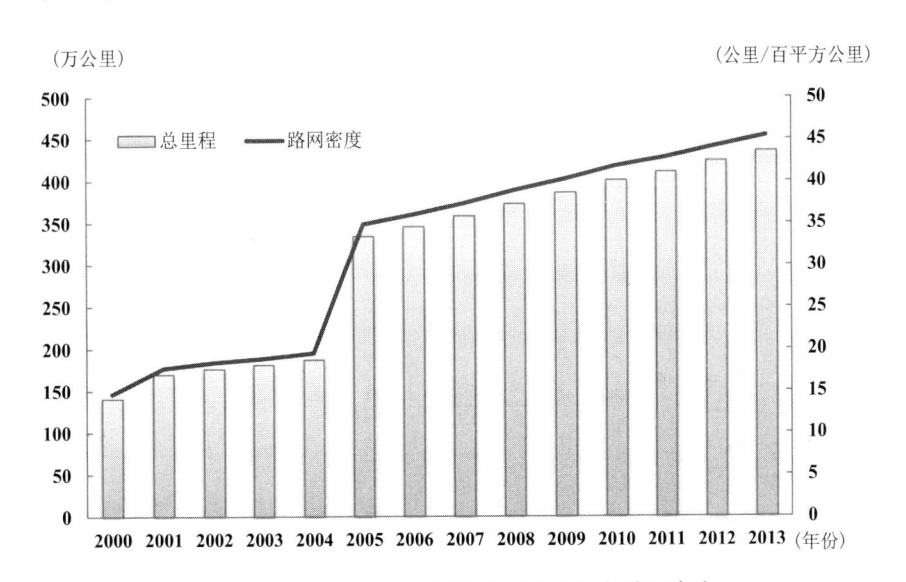

图2-6　2000—2013年我国公路总里程与路网密度

数据来源：相关年度《中国统计年鉴》。

基础设施规模的快速扩张使交通运输的网络规模效应日益显现，反映在运输量上，同期全社会客运周转量和货运周转量年均增速基本保持与国民经济同步增长的态势。

截至2013年，我国全社会完成客运量（含公路、铁路、水运和民航）为212.30亿人，年均增速为9.10%；旅客周转量为27571.7亿人公里，年均增速为8.07%；货运量为409.89亿吨，年均增速为9.35%；货物周转量为168013.8亿吨公里，年均增速为11.37%，如表2-2所示。

表2-2 2000—2013年我国交通服务规模

年份	客运量/亿人	旅客周转量/亿人公里	货运量/亿吨	货物周转量/亿吨公里
2000	147.86	12261.1	135.87	44320.5
2001	153.41	13155.1	140.18	47709.9
2002	160.82	14125.6	148.34	50685.9
2003	158.75	13810.5	156.45	53859.2
2004	176.75	16309.1	170.64	69445.0
2005	184.70	17466.7	186.21	80258.1
2006	202.42	19197.2	203.71	88839.9
2007	222.78	21592.6	227.58	101418.8
2008	286.79	23196.7	258.59	110300.0
2009	297.69	24834.9	282.52	122133.3
2010	326.95	27894.3	324.18	141837.4
2011	352.63	30984.0	369.70	159323.6
2012	380.40	33383.1	409.94	173770.7
2013	212.30	27571.7	409.89	168013.8

数据来源：《中国统计年鉴2014》及相关年度《中国交通年鉴》。

铁路完成客运量21.06亿人、旅客周转量10595.6亿人公里、货运量39.67亿吨、货物周转量29173.9亿吨公里，年均增速分别为5.49%、6.75%、6.33%、5.94%。

公路完成客运量185.35亿人、旅客周转量11250.9亿人公里、货运量307.66亿吨、货物周转量55738.1亿吨公里，年均增速分别为8.09%、8.25%、9.88%、20.09%。

水运完成客运量2.35亿人、旅客周转量68.3亿人公里、货运量55.98亿吨、货物周转量79435.7亿吨公里，年均增速为2.44%、-1.77%、11.54%、10.37%。

（二）交通运输结构不断优化

整体来看，我国交通运输体系呈以公路运输为主，铁路、民航、水运为辅的结构。

在客运量方面，铁路客运量、公路客运量、民航客运量、水运客运量的比重由2000年的7.1∶91.1∶0.5∶1.3变为2013年的9.9∶87.3∶1.7∶1.1，公路及水运客运量所占的比重下降，铁路及民航客运量所占比重有所上升，如图2-7和图2-8所示。

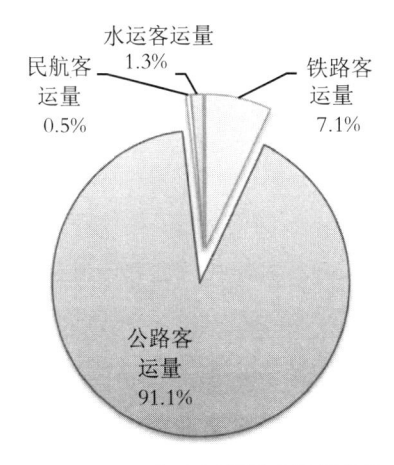

图2-7　2000年交通运输客运量结构　　图2-8　2013年交通运输客运量结构

数据来源：相关年度《中国统计年鉴》。

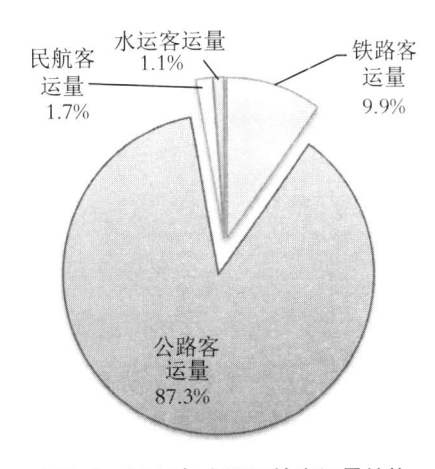

在旅客周转量方面，铁路旅客周转量、公路旅客周转量、民航旅客周转量、水运旅客周转量的比例由2000年的37.0∶54.3∶7.9∶0.8变为2013年的38.5∶40.8∶20.5∶0.2，公路旅客周转量所占的比重下降，铁路及民航旅客周转量所占比重有所上升，特别是民航旅客周转量上升了12.6个百分点，如图2-9和图2-10所示。

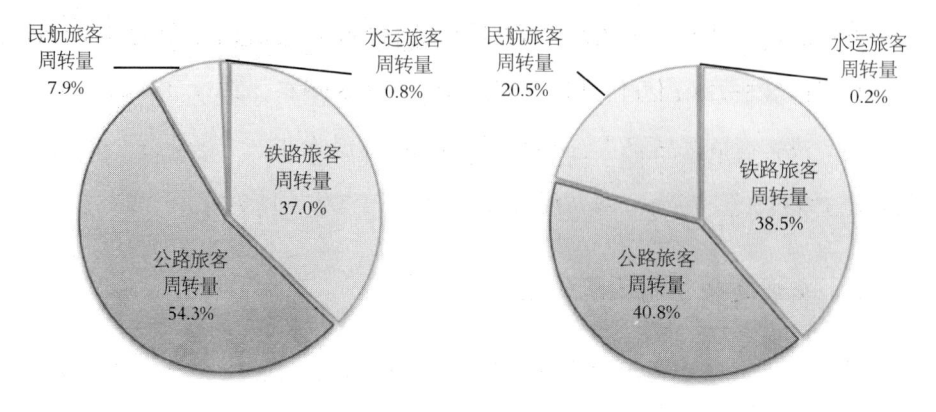

图2-9 2000年交通旅客运输周转量结构　　图2-10 2013年交通旅客运输周转量结构

数据来源：相关年度《中国统计年鉴》。

在货运量方面，铁路货运量、公路货运量、民航货运量、水运货运量的比例由2000年的13.4∶77.5∶0.0∶9.1变为2013年的9.8∶76.3∶0.0∶13.9，铁路货运量与水运货运量呈现此消彼长的关系，如图2-11和图2-12所示。

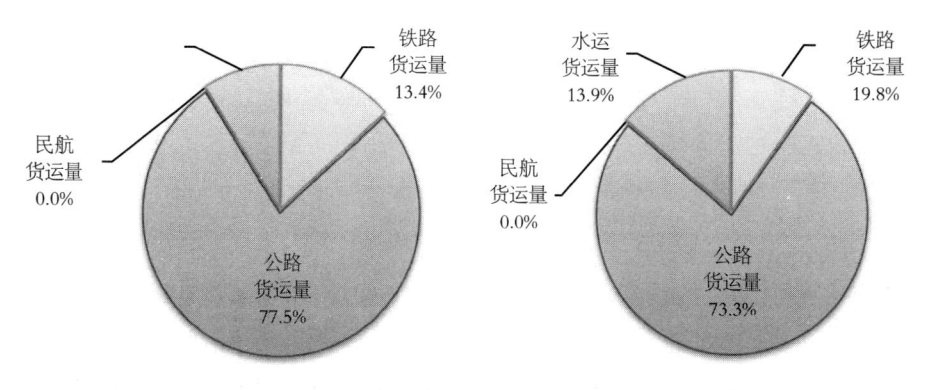

图2-11 2000年交通货运量结构　　图2-12 2013年交通货运量结构

数据来源：相关年度《中国统计年鉴》。

在货运周转量方面，铁路货物周转量、公路货物周转量、民航货物周转量、水运货物周转量的比例由2000年的31.6∶14.0∶0.1∶54.3变为2013年的17.7∶33.9∶0.1∶48.3，公路货物周转量所占的快速增长达19.9个百分点，铁路及水运货物周转量所占比重有所下降，特别是铁路货物周转量下降13.8个百分点，如图2-13

和图 2-14 所示。

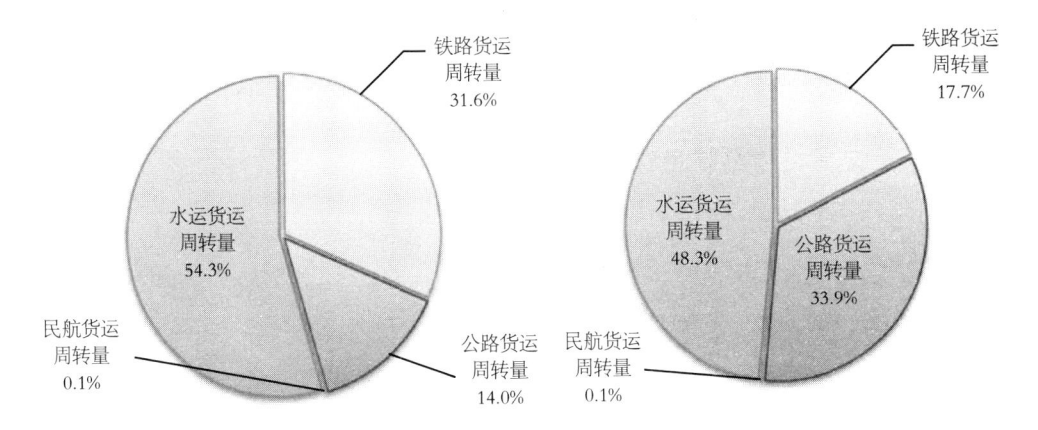

图2-13　2000年货运周转量结构　　　图2-14　2013年货运周转量结构

数据来源：相关年度《中国统计年鉴》。

（三）交通运输区域布局结构日趋合理

21 世纪以来，全国交通运输发展迅速，特别是中西部地区国家铁路营运里程增长步伐明显加快。截至 2013 年，东部、东北、中部、西部地区运输密度分别为 1299.30 公里 / 百平方公里、168.87 公里 / 百平方公里、720.28 公里 / 百平方公里、650.67 公里 / 百平方公里，占比分别为 45.76%、5.95%、25.37%、22.92%。

东部、东北、中部、西部地区铁路密度分别为 38.04 公里 / 百平方公里、7.07 公里 / 百平方公里、13.74 公里 / 百平方公里、13.08 公里 / 百平方公里，占比分别为 52.88%、9.83%、19.10%、18.19%。

东部、东北、中部、西部地区公路密度分别为 1189.92 公里 / 百平方公里、159.63 公里 / 百平方公里、688.20 公里 / 百平方公里、623.51 公里 / 百平方公里，占比分别为 44.71%、6.00%、25.86%、23.43%。

民航通航国内城市的数量随着机场建设布局的加密、完善，特别是西部地区支线机场布局日趋完善，全国民用航班飞行机场从不足 80 个增加到 193 个，而且机场软硬件服务设施条件极大地改善。其中，西部地区有 98 个，占全国总数的 50.8%，东部地区、中部地区和东北地区各有 48 个、27 个、20 个，占全国总数的 24.8%、

14.0%和10.4%。航空运输对于西部偏远地区交通的支持作用较大。在长三角、珠三角、京津冀等城市群出现了机场服务密集区，形成了以"北京—上海—广州（深圳）"为枢纽的航线体系。

（四）交通运输科技创新能力不断增强

建筑技术发展迅速，各种形式的大跨度的大桥的建成通车，高速公路的各种防水路面、防滑路面和防噪声路面的建成，各种复杂地质条件及高寒地区，以及超长铁路、公路隧道的施工技术、水运水工建筑技术等，都实现了史无前例的突破和发展。

新装备核心技术的管理技术的开发和应用，如铁路的高速动车组的建成和第六次大提速，公路的大型客货车辆的制造，水运的大型特种船舶的建造，信息管理技术的开发与应用，使我国交通运输技术装备上了一个新台阶。

三、存在问题

尽管近年来交通运输的发展速度加快，运输能力紧张的状况在一定程度和范围内有所缓解，但仍然存在着一些问题和不足。

（一）运输线路少，通达程度较低

按人口数量计算的铁路和公路运网密度，都远低于美国和日本等国家，与我国的人口、国土面积和经济发展不相适应，尤其是西部地区，铁路网稀疏，公路通达程度低，严重制约着一些地区的经济发展。目前，我国运输网络密度远低于发达国家，铁路网密度为美国的41%，日本的18%、德国的10%、英国的7%、韩国的28%；公路网密度为美国的63%，日本的13%、德国的23%、英国的24%、韩国的40%，如表2-3所示。

表 2-3　中国与主要国家和地区交通数据比较

（单位：公里/百平方公里）

线路密度	中国	美国	日本	德国	英国	韩国	印度
铁路	0.95	2.32	5.30	9.44	12.90	3.38	1.95
公路	41.75	66.58	319.63	180.33	172.28	105.30	125.01

（二）运输能力紧张，运输质量有待提高

主要运输通道能力十分紧张，在国民经济持续快速增长的情况下，瓶颈制约日趋严重。特别是铁路繁忙干线运输能力与运输需求量的矛盾十分突出，铁路干线通过能力利用率普遍超过80%，民用机场数量只有美国的30%。京沪、京广、京哈、京九、陇海、浙赣六大干线，部分区段能力利用率已达100%，处于饱和、超饱和状态，无法满足客货运输的巨大需求。此外，我国铁路复线率和电气化率不到50%；二级以上公路的比重仅为11.2%，仍有3.4%和18.3%左右的乡镇和建制村未通油（水泥）路；三级及以上内河航道比重只有8.2%；尚有45%的地级市享受不到民航服务。

（三）运输节能减排问题日益突出

交通运输发展对资源环境的影响日益显现，这包括土地资源、水资源、沿海和沿江岸线资源、矿物质能源等。特别是石油消耗增长过快，有害物质排放及噪声带来的环境污染日益严重。根据统计，2012年交通运输业能源消耗总量为31525万吨标准煤，比2000年增加了231435万吨标准煤，年均增速为8.9%。交通运输业能源消耗总量占比由2000年7.61%上升到2012年8.71%，上升了1.1个百分点，如图2-15所示。从能源消费结构来看，交通运输以石油消费为主，交通运输石油消费年均增速约为10.1%，远远高于全社会能源消费增长率，加剧中国石油供应紧张局面。所以说，交通运输能源消耗增幅和比重显著上升，已经成为中国节能减排

的关键领域。

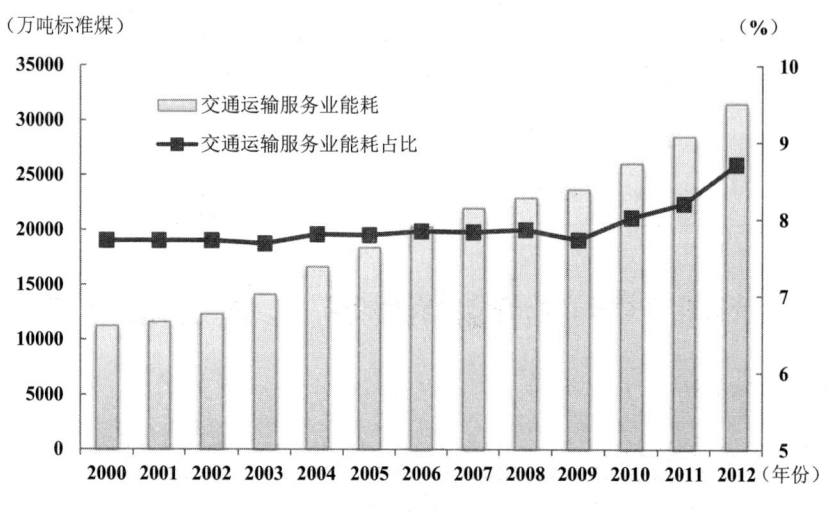

图2-15 2000—2012年我国交通运输业能源消耗总量及其占比

（四）运输方式衔接不畅通，"一体化"服务能力相对薄弱

目前，我国交通运输服务尚难有效满足随经济社会快速发展而日益提升的多样性运输需求。运输服务在时效性、便捷性、安全性、舒适性与经济性、普遍性之间的合理均衡点难以准确把握。符合旅客"零距离换乘"和货物"无缝化衔接"理念要求的运输服务供给能力相对不足，运输整体效率偏低，运输成本偏高。缺乏真正意义的"一体化"运输服务企业，运输企业的国际竞争力与话语权有待提升，应急保障服务体系尚未建立完善。

第三章

交通现代化区域发展特征——基于胡焕庸线测算分析

一、交通运输的空间结构分析

我国现代的人口分布研究始于人口地理学家胡焕庸，他在1935年提出了一条黑河（爱辉）腾冲线（后人称之为胡焕庸线），将我国的人口分成东南和西北疏密差异悬殊的两部分，如表3-1所示，当时，中国人口数为45892万人（包括外蒙古）。

表3-1 胡焕庸线数据对比分析

地区	面积/平方公里	面积比重/%	人口比重/%
东南壁	400	36	96
西北壁	700	64	4

中科院国情小组根据2000年资料统计分析得出结论，东南壁占全国43.18%的国土面积，集聚了全国93.77%的人口和95.70%的国内生产总值（GDP），相对的，西北壁占全国56.82%的国土面积，占全国6.23%的人口和4.30%的GDP。

本书根据数据可得性（《中国统计年鉴2014》，2013年民航机场吞吐量排名），采取近似方式，将西藏、新疆、青海、甘肃、内蒙古、宁夏六省份（自治区）划入胡焕庸线以西地区，以下称为"西北壁"，其余省份划入胡焕庸线以东地区（港澳台除外），以下称为"东南壁"。根据计算结果，六省份土地约为54.5%，人口占比约为6.6%，GDP占比约为5.9%。由于统计结果在可接受范围内，本书认为采取近似计算可行。

从测算结果来看，无论是交通运输基础设施，还是交通运输服务，我国综合交通发展都呈现很强"东南壁—西北壁"的差异化发展的格局，与胡焕庸线的基本规律相符合。

一是无论是交通运输基础设施，还是交通运输服务，我国综合交通发展呈现较强"东南壁—西北壁"的发展格局，与胡焕庸线的基本规律相符合。

从交通运输基础设施来看，以胡焕庸线为维度，2013年，东南壁交通运输线路里程达到391.9万公里，占交通运输线路总里程的85.5%；而西北壁交通运输线路里程仅为66.6万公里，占交通运输线路总里程的14.5%，两者之比为5.9。2013年，东南壁路网密度达到90.73公里/百平方公里，而西北壁路网密度仅为12.83公里/百平方公里，两者之比为7.1。

在铁路方面，2013年，东南壁铁路营业里程达到8.2万公里，占线路网路总里程的79.4%；而西北壁铁路营业里程仅为2.1万公里，占线路网路总里程的20.6%，两者之比为3.9。2013年，东南壁铁路路网密度达到1.9公里/百平方公里，而西北壁铁路路网密度仅为0.41公里/百平方公里，两者之比为4.6。

在公路方面，2013年，东南壁公路里程达到371.6万公里，占公路总里程的85.3%；而西北壁公路里程达到64.1万公里，占公路总里程的14.7%，两者之比为5.8；东南壁公路路网密度达到86.01公里/百平方公里，而西北壁公路路网密度仅为12.34公里/百平方公里，两者之比为7。

从交通运输服务来看，以胡焕庸线为维度，2013年，东南壁完成客运量197.5亿人，西北壁完成客运量11.3亿人，两者之比为17.5。东南壁旅客周转量为

20173.9亿人公里，西北壁旅客周转量为1741.0亿人公里，两者之比为11.6。东南壁完成货运量367.7亿吨，西北壁完成货运量33.9亿吨，两者之比为10.8。东南壁货物周转量136268.9亿吨公里，西北壁货物周转量10049.1亿吨公里，两者之比为13.6。

在铁路方面，2013年，东南壁完成铁路客运量20.0亿人，西北壁完成铁路客运量1.1亿人，两者之比为18.2。2013年，东南壁完成铁路货运量30.3亿吨，西北壁完成铁路货运量9.3亿吨，两者之比为3.3。

在公路方面，2013年，东南壁完成公路客运量175.2亿人，西北壁完成公路客运量10.1亿人，两者之比为17.3。2013年，东南壁铁路货物周转量23388.6亿吨公里，西北壁铁路货物周转量5643.0亿吨公里，两者之比为4.1。2013年，东南壁完成公路货运量283.1亿吨，西北壁完成公路货运量24.6亿吨，两者之比为11.5。2013年，东南壁公路货物周转量51332.0亿吨公里，西北壁公路货物周转量4406.1亿吨公里，两者之比为11.7倍。

二是交通运输在促进区域发展协调中扮演着极其重要的作用。根据测算，在选取的交通基础设施与交通运输的指标上，大体上，东南壁与西北壁的发展相对差距正在逐渐缩小，这一方面得益于在西部大开发、主体功能区等国家战略下交通运输基础设施投资对于缩小地区间经济差距具有较为显著的促进作用，如表3-2所示。

从交通基础设施来看，东南壁与西北壁交通运输线路里程绝对差距由2000年的116.4万公里扩大到2013年的325.3万公里，相对差距由2000年的6.6倍缩小到2013年的5.9倍。东南壁与西北壁路网密度绝对差距由2000年的27.7万公里扩大到2013年的77.9万公里，相对差距由2000年的7.9倍缩小到2013年的7.1倍。

在铁路方面，东南壁与西北壁铁路营业里程绝对差距由2000年的3.6万公里扩大到2013年的6.1万公里，相对差距由2000年的4.1倍缩小到2013年的3.9倍。东南壁与西北壁铁路路网密度绝对差距由2000年的0.9万公里扩大到2013年的1.5万公里，相对差距由2000年的5.0倍缩小到2013年的4.6倍。

在公路方面，东南壁与西北壁公路里程绝对差距由2000年的101.7万公里缩小

表3-2 2000—2013年度基于胡焕庸线测算指标值汇总

指标类别	单位	指标	2000年 全国	2000年 东南壁	2000年 西北壁	2000年 东南壁:西北壁	2013年 全国	2013年 东南壁	2013年 西北壁	2013年 东南壁:西北壁	趋势
里程数	万公里	总里程数	157.8	137.1	20.7	6.6	458.5	391.9	66.6	5.9	下降
		铁路营业里程	5.9	4.7	1.1	4.1	10.3	8.2	2.1	3.9	下降
		公路里程	140.3	121.0	19.3	6.3	435.6	371.6	64.1	5.8	下降
路网密度	公里/百平方公里	路网密度	16.6	31.7	4.0	7.9	48.2	90.7	12.8	7.1	下降
		铁路路网密度	0.6	1.1	0.2	5.0	1.1	1.9	0.4	4.6	下降
		公路路网密度	14.7	28.0	3.7	7.5	45.8	86.0	12.3	7.0	下降
客运量	亿人	客运量	147.9	141.2	6.0	23.5	212.3	197.5	11.3	17.5	下降
		旅客周转量	10.5	9.9	0.6	16.4	21.1	20.0	1.1	18.6	上升
货运量		货运量	134.7	129.4	5.4	24.0	185.3	175.2	10.1	17.3	下降
		货物周转量	1.9	1.9	0.0	100.0	2.4	2.3	0.0	58.0	下降
旅客周转量	亿人公里	铁路旅客周转量	4532.6	4181.9	350.6	11.9	10595.6	9689.7	905.9	10.7	下降
		公路旅客周转量	6657.4	6309.4	348.0	18.1	11250.9	10416.2	834.8	12.5	下降
货运量	亿吨	货运量	135.8	123.4	10.2	12.1	409.9	367.6	33.9	10.8	下降
		铁路货运量	17.8	15.9	1.9	8.2	39.7	30.3	9.3	3.2	下降
		公路货运量	103.9	95.6	8.3	11.6	307.7	283.1	24.6	11.5	下降
货物周转量	亿吨公里	货物周转量	44452.3	37300.6	2345.3	15.9	168013.8	136268.9	10049.1	13.6	下降
		铁路货物周转量	13902.1	12162.1	1739.8	7.0	29173.9	23388.6	5643.0	4.1	下降
		公路货物周转量	6129.4	5523.9	605.5	9.1	55738.1	51332.0	4406.1	11.7	上升

到 2013 年的 307.5 万公里，相对差距由 2000 年的 6.3 倍缩小到 2013 年的 5.8 倍。东南壁与西北壁公路路网密度绝对差距由 2000 年的 24.3 万公里扩大到 2013 年的 73.7 万公里，相对差距由 2000 年 7.5 倍缩小到 2013 年 7 倍。

从交通运输服务来看，东南壁与西北壁客运量绝对差距由 2000 年的 135.2 亿人扩大到 2013 年的 186.2 亿人，相对差距由 2000 年的 23.5 倍缩小到 2013 年的 17.5 倍。旅客周转量绝对差距由 2000 年的 9892.9 亿人公里扩大到 2013 年的 18432.9 亿人公里，相对差距由 2000 年的 15.2 倍缩小到 2013 年的 11.6 倍。东南壁与西北壁货运量绝对差距由 2000 年的 113.2 亿吨扩大到 2013 年的 333.7 亿吨，相对差距由 2000 年的 12.1 倍缩小到 2013 年的 10.8 倍。货物周转量绝对差距由 2000 年的 34955.3 亿吨公里扩大到 2013 年的 126219.8 亿吨公里，相对差距由 2000 年 15.9 倍缩小到 2013 年 13.6 倍。

在铁路方面，东南壁与西北壁铁路客运量绝对差距由 2000 年的 9.3 亿人扩大到 2013 年的 18.9 亿人，相对差距由 2000 年 16.4 倍扩大到 2013 年 18.6 倍。铁路旅客周转量绝对差距由 2000 年的 3831.3 亿人公里扩大到 2013 年的 8783.8 亿人公里，相对差距由 2000 年的 11.9 倍缩小到 2013 年的 10.7 倍。东南壁与西北壁铁路货运量绝对差距由 2000 年 14.0 亿吨扩大到 2013 年 21.0 亿吨，相对差距由 2000 年的 8.2 倍缩小到 2013 年的 3.2 倍。铁路货物周转量绝对差距由 2000 年的 10422.3 亿吨公里扩大到 2013 年的 17745.6 亿吨公里，相对差距由 2000 年的 7.0 倍缩小到 2013 年的 4.1 倍。

在公路方面，东南壁与西北壁公路客运量绝对差距由 2000 年的 124.0 亿人扩大到 2013 年的 165.1 亿人，相对差距由 2000 年的 24.0 倍缩小到 2013 年的 17.3 倍。公路旅客周转量绝对差距由 2000 年的 5961.4 亿人公里扩大到 2013 年的 9581.4 亿人公里，相对差距由 2000 年的 18.1 倍缩小到 2013 年的 12.5 倍。东南壁与西北壁公路货运量绝对差距由 2000 年的 87.3 亿吨扩大到 2013 年的 258.5 亿吨，相对差距由 2000 年的 11.6 倍缩小到 2013 年的 11.5 倍。从动态角度来看，公路货物周转量绝对差距由 2000 年的 4918.4 亿吨公里扩大到 2013 年的 46925.9 亿吨公里，相对差距由 2000 年的 9.1 倍缩小到 2013 年的 11.7 倍。

二、交通运输可达性的影响分析

高速铁路作为世界交通技术革新的产物,已成为世界各国铁路普遍发展的趋势,相较于其他交通手段,高铁在运输时间、输送能力与服务质量上有明显的优势。近年来,我国高速铁路迅速发展,随着宁杭、杭甬、盘营及向浦线路的相继开通,截至2013年年底,中国高铁里程达到10463公里,已经成为"世界上高铁系统技术最全、集成能力最强、设计速度最高、运营里程最长、在建规模最大的国家"。随着高速铁路的迅速发展,其覆盖与影响的面积也在不断扩大。由于我国人口多、人均资源少、经济社会发展不均衡,高速铁路所带来的人口、信息及其他资源的高效流动,自然而然会对区域经济系统产生深远的影响。可达性作为衡量交通网络结构与分布的一种重要指标,能够从时间、空间、经济等多个角度考察交通基础设施的运行收益,是评价高速铁路的时间优势对沿线城市发展影响的重要方法。

2004年,国务院通过了《中长期铁路网规划》,该规划成为我国的铁路建设蓝图。2008年11月27日铁道部(现国家铁路总公司)公布了《中长期铁路网调整规划方案》,确立了"四横四纵"的铁路客运专线网络框架,到2015年,将覆盖所有省会及90%的50万人以上人口城市。

根据北京大学城市与环境学院课题组测算结果,高速铁路对中国省际可达性的影响有以下四点基本结论。

一是铁路沿线重要节点城市可达性较好。在传统客运(Z、T、K或者4位数字)情况下,京广线沿线5省市(北京、河北、河南、湖北、湖南)和安徽、江苏、上海进入第一梯队,具有较好的可达性。在高铁(高速动车组G、动车组D及城际列车C的铁路为高铁)运营情况下,沿京沪线(山东、江苏、上海)、京广线(河南、湖北、湖南)及安徽7省市为第一梯队。其余省份依据"距离衰减规律"成为可达性外围区域。由此可见,铁路运输,尤其高铁建设大大缩短省际时间、空间距离,空间结构以武汉—郑州为中心,呈现中心—外围模式。

二是可达性变化幅度在空间上呈中间凹、四周高的"碗形"特点。省际可达性变化幅度因区位而不一。如表3-3所示，有11省（市、区）变化幅度低于全国平均水平，其中江西变化幅度最小，其余按变幅大小依次排列；10省（市、区）变化幅度高于全国平均水平，云南省变化幅度最大；其余10省（市、区）可达性基本与全国持平。由此可见，位于客运铁路网络中心附近的节点变化幅度都较小；而昆明、福州、海口等边陲城市与东部和中部省市联系费时费力，高铁的建成大大缩短了旅行时间，可达性变幅最大。如成都与上海之间，现在最快的Z124/Z121需要19小时59分，待沪汉蓉客运专线建成后，成都市民只需10个小时即可抵达上海。

表3-3　中国省际可达性变化幅度

	省会（直辖市）	最短旅行时间比/（传统/高铁）
高于平均水平	昆明、厦门、海口、贵阳、呼和浩特、重庆、南宁、杭州、拉萨	2.2～2.6
全国平均水平	银川、广州、太原、南京、长春、济南、合肥、乌鲁木齐、哈尔滨、西宁	2.0～2.1
低于平均水平	沈阳、长沙、天津、兰州、武汉、上海、西安、郑州、北京、石家庄、南昌	1.5～1.9

三、交通土地利用与低碳发展分析

（一）交通运输方式的土地与环境资源利用分析

总体来看，各种运输方式间的技术、经济和资源利用特征会有所不同，如表3-4所示。

表3-4 各种运输方式的技术、经济和资源利用特征分析

		铁路	公路	民航	水运	管道
技术特征	运输能力	很大	很小	小	最大	大
	运行速度	很快	快	最快	慢	很慢
	安全性	很高	低	最高	高	很高
	连续性	很高	高	低	很低	最高
	灵活性	低	最高	很高	很低	高
	通用性	很强	最强	弱	强	很弱
经济特征	建设投资	很高	很高	最高	很低	低
	运输成本	高	很高	高	低	低
资源利用特征	土地占用	高	最高	高	低	低
	能源消耗	低	很高	最高	低	低
	环境污染	低	很高	最高	低	低

资料来源：李连成.交通用地的优化配置问题研究[D].北京：北京交通大学博士学位论文，2013.

1.铁路的资源利用特征

能源消耗较低。铁路机车车辆与轨道间的摩擦阻力小于汽车与地面的摩擦阻力，使能耗较低，而且内燃和电力机车热效率较高。根据统计，2010年国家铁路运输工作量主营单耗为10000换算吨公里能源消耗为40公斤标准煤。2007年铁路机车完成10000吨公里走行的能源消耗分别为：内燃牵引为35.84公斤标准煤，电力牵引为13.46公斤标准煤。

占用土地较多。在各种交通方式中，铁路占用土地比较多，2004年铁路用地44.24万公顷（1公顷=10000平方米），仅次于公路占地规模。即使从土地利用效率看，按照两种运输方式完成等量的换算周转量（亿人公里）占用土地面积的数量比较，铁路与民航土地利用效率基本相当，而远高于水运和管道。

环境污染程度较轻。在运量相同的条件下,铁路机车排放有害气体仅是汽车排放的 1/10,电力机车牵引基本不排放有害气体;铁路的噪声只是公路的 1/2～3/4。由于铁路运输对环境污染程度较轻,其社会成本也较低。

2. 公路运输的资源利用特征

运输能耗高。按照完成单位换算周转量消耗的能源量比较,在五种运输方式中,公路运输是除民航运输之外能耗最高的运输方式。此外公路运输消耗的还是石油、天然气等优质能源。

土地占用多。根据 2000 年全国土地利用变更调查,公路道路用地占全国交通用地的 93.1%。按照完成换算周转量占用土地的数量衡量,公路运输也是各种运输方式中土地利用效率最低的。

环境污染重。汽车尾气的排放成为公路沿线的重要污染源,在一些大城市,汽车尾气污染已经成为重要的流动污染源,汽车噪声污染平均强度也位居各种运输方式之首。

3. 水路运输的资源利用特征

很少占用土地资源。水路运输中除了建设码头、堆场等需要占用土地资源外,基本上是利用江、河、湖、海等自然交通资源,并且基本上不对这些水资源产生消耗。

能源消耗低。目前我国水路营业性船舶万吨公里消耗标煤 96.9 千克,远低于公路汽车和民航飞机。在水路运输中,由于船舶大型化,沿海大型船舶万吨公里的油耗更低。

污染低。水运污染主要是油脂污染和船员的生活废弃物排放对水体造成的污染,除非油轮等海上事故,一般污染都比较轻。

4. 管道运输的资源利用特征

运输工程量小,占地少。管道运输只需要铺设管线,修建场站。除场站占有一些土地外，土石方工程量比修建铁路小得多，而且在平原地区大多埋在底下，不占耕地。运输系统的建设实践证明，运输管道埋藏于地下的部分占管道总长度的95%以上，因而对于土地的永久性占用很少，分别仅为公路的3%，铁路的10%左右。在交通运输规划系统中，优先考虑管道运输方案，对于节约土地资源，意义重大。

管道运输耗能少。发达国家采用管道运输石油，每吨千米的能耗不足铁路的1/7，在大量运输时的运输成本与水运接近，因此在无水条件下，采用管道运输是一种最为节能的运输方式。

污染小。管道运输安全可靠，无污染，成本低。由于石油天然气易燃、易爆、易挥发、易泄露，采用管道运输方式，既安全，又可以大大减少挥发损耗，同时由于泄露导致的对空气、水和土壤污染也可大大减少，也就是说，管道运输能较好地满足运输工程的绿色化要求。

5. 民航运输的资源利用特征

能耗高。折算为单位能耗强度，航空消耗的能源是铁路的10倍以上。

土地占用高。民航机场需要跑道、航站楼等设施，需要占用大量土地。例如，首都机场用地面积19700亩（1亩≈666.7平方米），折合1313公顷。

污染高。根据相关测算，综合包括噪声等各种污染，私人汽车和飞机（人公里）产生的污染成本几乎相当。

（二）交通运输减排的空间特征

1. 交通运输低碳排放空间分析

从总体上看，交通运输碳排放量总体上增长较快，且2005年之后的增长率总体上高于2005年之前，各大区域之间的差异比较明显，其中东部沿海地区交通运输碳排放量大，高排放省份也都集中在东部地区，西北地区和东北地区交通运输碳排放量相对较小，2013年来总体上变化不显著。

从各区域内部上看，各区域内部各省份的交通运输碳排放量也存在较大的差异，华北地区的山东、华东地区的上海、华南地区的广东、华中地区的湖北，以及西南地区的四川等省（市）的交通运输碳排放量均明显大于区域内其他省份。

2. 交通运输低碳排放强度空间分析

总体上来说，1998—2010年中国交通运输碳排放强度总体呈现下降趋势，年平均碳排放强度为0.639吨/104吨公里；区域分布呈现显著的"西高东低"非均衡特征，总体上西部地区＞中部地区＞东部地区，东、中部地区交通运输平均碳排放强度均小于全国平均值，且远低于西部地区的交通运输碳排放强度。

交通运输碳排放强度在不同省份之间存在较大差异，交通运输碳排放高强度省份主要集中于西部地区的云南、四川、重庆、新疆、贵州等省份，东中部地区的广东、北京、湖北等省份的碳排放强度也较高，均超过了0.8吨/104吨公里；东部地区天津、上海、河北、山东及中部地区的安徽、河南等省份的强度较低，均低于0.4吨/104吨公里。

第四章

国际经验和做法

一、基于人口、交通密度关系的国际比较

在第一章导论中已提及,从人口密度来看,2010年,我国人口密度总体(141.0)与捷克(136.2)相当,东南壁(291.5)与英国(257.2)、德国(234.6)、日本(349.7)等国接近,而西北壁(17.1)则介于俄罗斯(8.7)与美国(33.8)之间,地广人稀。

按最近的可比数据(2010年)对比,我国路网密度为0.95公里/百平方公里,处于世界中等发达国家水平,与英国、法国、德国、意大利、日本等发达国家的差距甚远,而与巴基斯坦、土耳其、越南等发展中国家的水平相当。从地区角度来看,我国东南壁铁路营业里程数为1.66公里/百平方公里,仅约为英国的1/8、德国的1/7、法国的1/4、日本的1/3;而西北壁铁路营业里程数为0.37公里/百平方公里,低于人口密度相对接近的美国(2.32)和俄罗斯(0.5)。

我国公路网密度为41.75公里/百平方公里,与土耳其、越南、巴基斯坦等发展中国家水平相当,与英国、法国、德国、日本等发达国家水平差距较大。从地区角度来看,我国东南壁公路路网密度为79.44公里/百平方公里,与美国发展水平相当,相当于日本的1/4,德国、英国的1/2。我国西北壁公路路网密度为11.09公里/

百平方公里，与澳大利亚和埃及发展水平相当。

经过对比分析可以看到，如图4-1至图4-5所示，我国交通路网密度与发达国家有很大的差距，但是如果把胡焕庸线东西区分看，按相当的国土空间与人口密度情况对比，差距并没有笼统对比时那么大，随着我国经济社会进步，而发达国家近30年来交通路网密度基本饱和，没有增长。因此，只要有清晰的发展思路，我国综合交通运输体系发展水平与发达国家的差距在2049之际是可以弥合的。

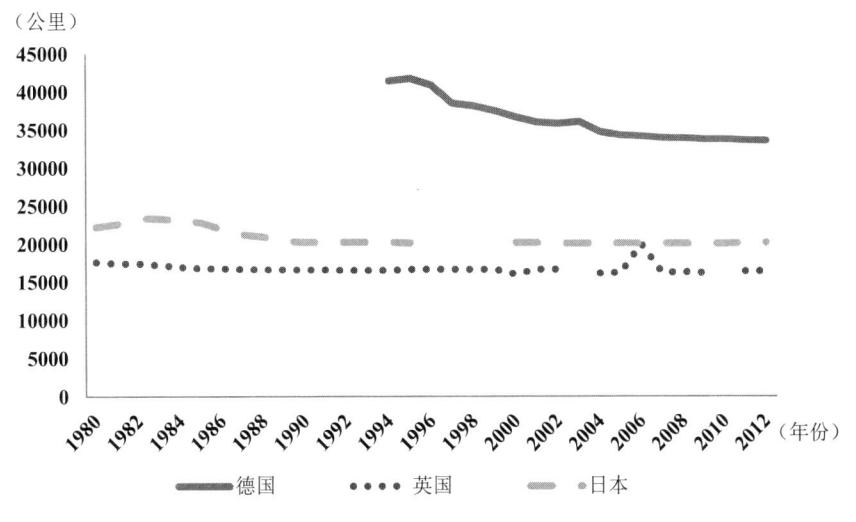

图4-1 德国、英国、日本铁路营业里程

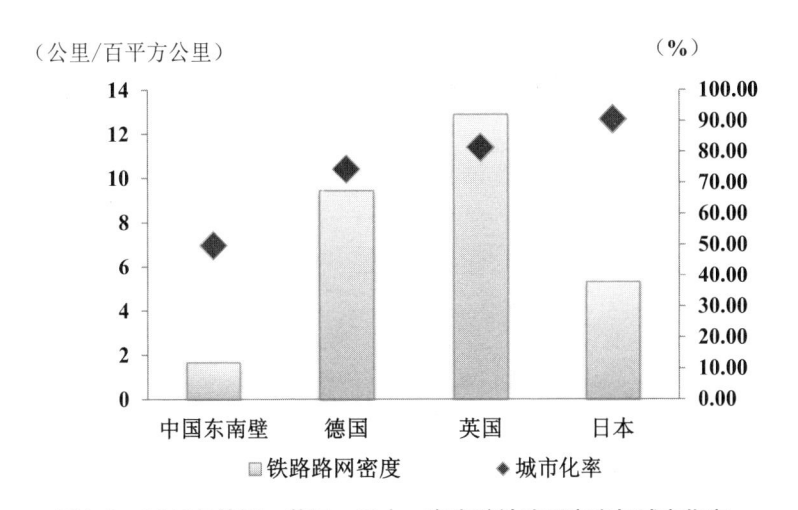

图4-2 2010年德国、英国、日本、东南壁铁路网密度与城市化率

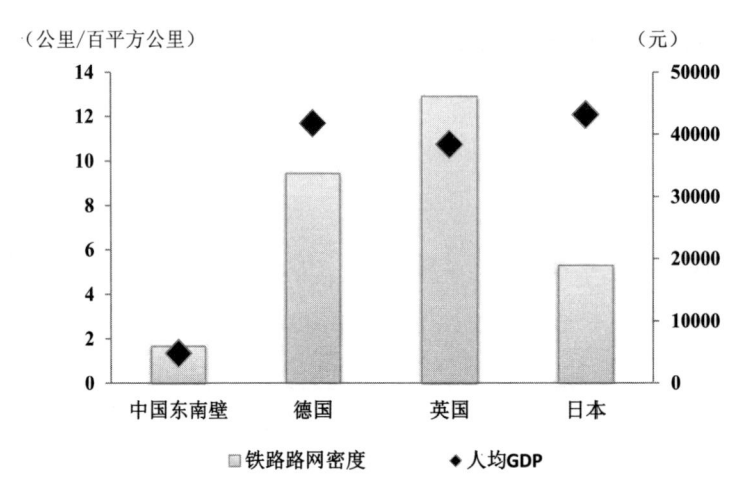

图4-3　2010年德国、英国、日本、东南壁铁路网密度与人均GDP

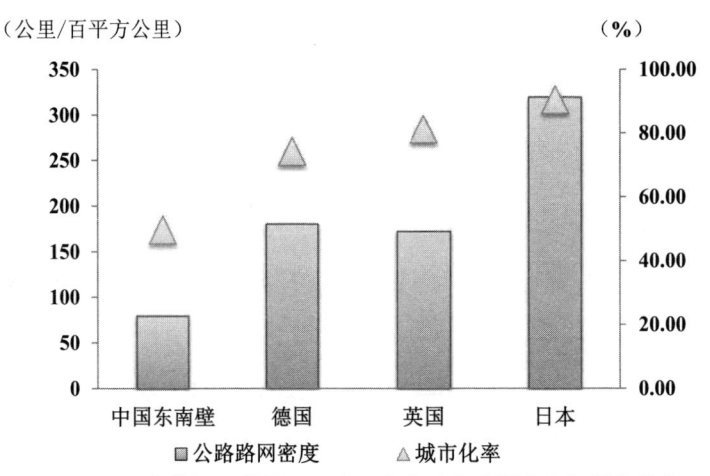

图4-4　2010年德国、英国、日本、东南壁公路网密度与城市化率

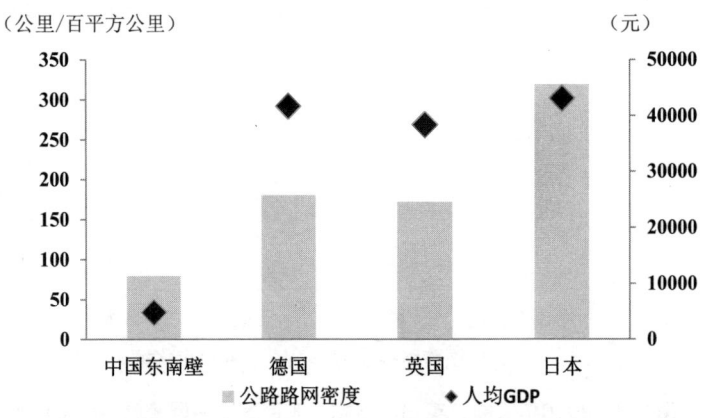

图4-5　2010年德国、英国、日本、东南壁公路网密度与人均GDP

二、国际经验和做法分析

（一）基于主要国家和地区维度的国际经验和做法

1. 美国：强调市场主导、国土开发、国家规划的联系，智能交通成为运输现代化重要支撑

从美国公路建设的历程可以看出，自20世纪50年代，美国开始向交通现代化的方向过渡和发展，其发展特点表现在以下方面：城市短途货运和乡村地区农产品的集散逐步由汽车承担；长途货运虽以铁路为主，但公路运输的比重越来越大；在客运领域，虽然航空客运发展很快，但汽车运输逐步居于主导地位。在该时期，美国的铁、公、水、空等都得到一定程度的发展，逐步形成了世界上最为现代化的运输体系。

美国作为超级大国，拥有全世界最为庞大的交通运输系统，为世界最为强大的社会经济系统提供交通运输保障支持。美国的智能交通系统（Intelligent Transportation Systems，ITS）始于1967年的电子路径诱导系统研究，由于无法继续从政府方面获得开发的政策和资金支持，1971年该项目终止。20世纪80年代末，面对城市交通的恶化，美国Mobility2000组织建议联邦运输部重视智能车辆—道路系统（以下简称IVHS）研究，得到政府的积极回应。正是在该组织的推动下，1990年8月成立了官民合作的全国性组织IVHS America，从此在全美开始了协调、统一的IVHS的研究、开发和部署。

美国ITS发展历程的特点是国家统一规划、投资充足、发展迅速。1991年，美国在新一轮（1992—1997年）的道路交通建设法案中把IVHS的研究开发置于中心项目的位置，并制订了巨大投资计划。从美国1992年提出的IVHS开发战略计划研究的内容来看，IVHS不仅涉及开发IVHS所需高新技术的研究，还涉及实施运行IVHS后，IVHS对社会、经济、法律、土地利用、人们出行行为的影响，以及所需要采取的运行规章及管理制度的建立等研究。可见，IVHS不仅使交通建设与运行管理走上高科技之路，使交通运输产业发生划时代的改变，而且对社会、经济、法律、土地利用等都将产生深远的影响。

在 ITS 的研发阶段制订的"综合提高陆上交通效率化法"简称 ISTEA，是美国首次从立法的高度，统一规划美国 ITS 的发展，该法案明确开发智能交通系统作为国策并给予财力支持。从此，美国的智能交通研究开发进入了全面发展阶段。美国联邦政府 1990—1997 年用于 ITS 研究开发的年度预算总计为 12.935 亿美元，20 年发展规划投资预算约为 400 亿美元。美国政府要求将 ITS 的发展与建设纳入各级政府的基本投资计划之中，大部分资金由联邦、州和各级地方政府提供，也注重调动私营企业的投资积极性。1995 年制订了"国家智能交通系统项目规划"，明确制订了智能交通系统的 7 大领域和 30 个用户服务功能，并确定到 2001 年的开发计划。

在 ITS 的基础设施实施阶段，政府不断完善陆上综合法案和规定，并提出了未来发展蓝图，真正赋予这个系统安全、有效和经济地输送人员、物资的基本功能，从而在极大程度上满足用户要求，并具有与自然环境良好的相容性。

由于 ITS 广泛应用于美国城镇，为美国的经济发展做出了卓越的贡献，为出行者提供各种信息以便他们合理地计划出行日程，大幅度减少各种交通伤亡事故，保障交通事故的应变能力。ITS 具有明显的经济效益、社会效益和环境效益。目前 ITS 在美国的应用已达 80% 以上，而且相关的产品也较先进。美国 ITS 应用在车辆安全系统（占 51%）、电子收费（占 37%）、公路及车辆管理系统（占 28%）、导航定位系统（占 20%）、商业车辆管理系统（占 14%）方面发展较快。

2. 日本：注重交通总体规划和交通方式的集约化，重视交通资源配置的有效性和环境影响

交通发展为城市的扩展提供了前提。交通现代化推动了日本国土的全面城市化。日本城市人口密度历来较高，城市交通的不断发展使人口郊区化及城市结构调整成为可能。以东京为例，明治维新时期，由于交通方式以徒步为主，远距离出行不便，

因此市区一直未形成商业中心，城市面貌单一。20世纪初随着电车出现及城市间铁路开通，以国有铁路东京站为中心，首次形成了城市商业中心区。20年代初，关东大地震后，市区借交通发展实现了大规模改建，商业规模有了很大发展，同时近郊私营铁路与市内国有铁路相衔接，促使东京市区向郊外迅速扩张。50年代后，随着高速铁道向外延伸，交通网日益发达，郊外边远地区出现了大量居民住宅区，人口不断向郊外转移，同时带动了市区范围的扩展。东京多心型城市结构及具有特色的城市中心开始形成。从60年代开始，围绕东京城市外围的高速铁路站点，每年有几十公顷（1公顷=10000平方米）住宅区被开发出来，由于住宅面积与环境通常比市区更优越，价格更便宜，设施齐全，因此吸引了大量居民迁入。逐渐地，城市外围就出现了一些新兴的综合性城市，这些城市由于以上优点又吸引了更多的人口。通过这样一波波向外扩张，城市范围愈来愈大，结果使城市间的空白地带也发展为新的城市，城市与城市渐渐融为一体。与此同时，工业也在向郊区发展。工业的外迁又促使一部分地理位置优越的地区发展为城市，从而进一步推动了城市化进程。

这种局部城市化、郊区化、全面城市化的现象与交通的发展有着直接联系。随着日本后来新干线与全国高速公路网的开通，一方面强化了城市间的联系，另一方面带动了地区工业与经济的发展，城市的面貌、结构、功能与人们的生活方式发生了巨大改变。

3. 法国：强调交通政策的战略性和交通发展的可持续性，关注对非再生资源的集约化使用和对生态环境的影响，注重交通与人的和谐统一

城镇公共交通具有运量大、速度快、安全及环境污染小等优点，基于此法国政府实施低碳交通发展战略。

自20世纪70年代起，法国各地方政府开始系统地编制城市交通规划。早期的城市交通规划主要是为了应对当时城市地区小汽车迅速增长所造成的交通拥堵问题，通过制订新的流线组织、信号控制和道路改扩建工程等，来改善城市中的机动车交通环境。因此，当时的城市交通规划通称为"交通流线组织规划"，重点对象是小汽

车交通。

从20世纪80年代中期开始，小汽车交通的过度发展对城市生活造成的负面影响逐渐显现出来。道路交通事故频发，为适应机动车交通而进行的城市改造破坏了许多城市中心区的传统风貌，噪声和尾气排放造成环境品质恶化，在一定程度上推动了欧洲城市的郊区化和内城空心化。在这一背景下，优先发展公共交通的必要性逐渐成为各地方政府的共识。以建设新型有轨电车、开辟公交专用道为代表的公交现代化成为这一时期城市交通规划的主要政策措施。其中，新型有轨电车的发展尤为突出，它不仅作为一种替代小汽车的快捷舒适的现代化交通工具，而且还具有了推动沿线地段城市更新的作用，并以富有时代感的外观设计为城市中心区带来活力。

20世纪90年代中期发展起来的第三代城市交通规划——《交通出行规划》则是更加综合的政策工具，其措施对象扩展到慢行交通领域，并将重点放在步行和非机动车交通、小汽车交通、公共交通三者之间的互补整合联系上，从寻求交通系统的技术解决方案过渡到关心城市机动性服务的整体组织和品质。

《交通出行规划》的核心概念是"出行"。这一规划编制最早由1982年颁布的《（法国）国家内部交通组织方针法》（LOTI）提出。该法案对法国城市交通的主要贡献有两个方面，首先是明确了"人人都有交通的权利"，其次是为若干城市共同发展跨行政区划的公交服务提供了法律依据。该法案颁布后，在地方分权改革的推动下，若干城市聚集区的城市结成城镇共同体，率先编制了城市交通出行规划（PDU），但随之而来的执政党左右更替，致使第一代PDU的后续实施状况不理想。

1996年法国出台了《大气保护与节能法》，明确提出城市交通领域可持续发展的政策目标，重新启用PDU这一规划工具。并规定，所有居住人口超过10万人的城市聚居区（通常有多个市镇组成）都必须编制PDU，为城市聚集区组织发展各项交通出行服务（包括货运交通和停车）提供协调并统一的政策指导。由于法国大部分城市中交通基础设施建设已经非常完备，远期规划所能增加的基础设施建设量非常有限（通常不到现有的5%），因此，《交通出行规划》的编制年限确定为5年，其用意非常明显，即将着力点放在对既有交通基础设施的优化使用和绩效管理上。

（二）基于都市圈维度的国际经验和做法

1. 东京都市圈

东京作为一个国际性大都市，又是东京都市圈的核心城市，具有超强的人口集聚能力，以市中心为圆心，20公里的区域内聚集了800多万人口。高人口密度的城市形态促使了都市圈内部交通网络系统的形成。目前来看，东京都市圈的交通系统像一张四通八达的网，地上、地下各一张，共同承担着当地数额庞大的交通运输任务。

地下交通网络是全世界最先进的也是东京都市圈最主要的，由50多条线路的地铁和电车组成，四通八达。东京主要有三种轨道交通工具，分别是轻轨、地铁和新干线。东京市内各条新干线线路密集、布局合理，山手线是东京的通勤铁路路线之一，由东日本旅客铁道公司经营。山手线行驶于东京市中心的环线，路线全长34.5公里，共行经29个车站，全程行车时间约61分钟。

地上交通网指的是供车辆通行的一般道路和高速公路。东京的地上道路以高速公路为主，总体规划是由外环线、中央环线、都心环线以及九条从东京直指周边各县的放射线组成。

东京都市圈交通发展战略为"以公共交通为导向"（Transit-Oriented Development，TOD）的开发模式[1]。TOD模式分为城市型TOD模式和社区型TOD模式。

城市型TOD模式，是指社区位于公共交通网络中的主要沿线上，步行10分钟左右就可以到达较大规模的商业中心和交通枢纽。

社区型TOD模式，不是将社区建设在公交主要沿线上，而是在公交支线上。但

---

[1] TOD模式是公共交通的使用最大化的一种非汽车化的规划设计方式。这个概念最早由美国建筑设计师哈里森·弗雷克提出。这个概念的提出是为了解决美国"二战"后城市无限制扩张的难题，当时美国采取的是公共交通为中枢，综合发展步行化城区的政策。公共交通主要有巴士干线以及轻轨、地铁等轨道交通，然后以站点为中心，以步行5～10分钟为半径建立居住、商业、文化一体化城区，从而分散市中心的压力。

是，公交汽车在支线上运行的距离不超过 5 公里。

在东京都市圈内，交通工具多样化，但铁路交通是最主要的交通方式之一，尤其是轨道交通的发展，对都市圈经济起到了重要的作用。东京的轨道交通是世界上少数几个能够盈利的城市铁路系统之一，如新宿副中心就是个典型的例子。20 世纪 70 年代，新宿在距铁路车站不足 1 公里的范围内集中了大量的商业娱乐中心及办公建筑，轨道交通成为人们出入该区域最方便和常用的交通方式之一。大型社区中心围绕车站布置，既缩短了市民到铁路车站的时间，也方便了市民步行或者乘车到车站。显而易见，轨道交通的使用不仅方便了远距离出行者，还减少了区域内机动车的交通量，有效缓解了都市圈交通拥挤的问题。

东京都市圈是由铁路网络引导城市扩散而形成的。明治初期，东京就有两条分叉的铁路路线，总里程约为 42.6 公里，但到了明治中期，这两条线路已经形成了环线状，将一部分区域包围起来，并且延伸出其他两条线路，而这两条环线状的铁路路线也就是我们现在说的 JR 山手线。在这条 JR 山手线的基础上，又向周围区域辐射了几条交叉的路线。随着交通网络的渐进式发展，私营铁路的建设进一步地促使城市不断地向外扩展。在昭和 50 年代，国铁 JR 和新干线使这些路线形成了一个框架，即东京都市圈铁路网络雏形。由于"二战"后日本工业化的迅速发展，东京与神奈川县成了重工业的集聚地，在 20 世纪 60 年代时，东京都市圈内的铁路交通网络已连成片状分布。到了 20 世纪 90 年代中后期，东京都的铁路交通网络已经与其他周边区域连成了一大片范围，不再是 60 年代的片状分布了。

可见，铁路交通网络日趋完善，逐渐形成了一个支撑东京大都市经济圈的交通网络体系。当前，圈内交通网络体系已经相当发达，44 条轨道交通路线纵横交错，撑起了东京都市圈多核心功能分布的结构。可以说全世界密集度最大的轨道交通网将东京都市圈整个托起。

2. 纽约都市圈

当前，纽约都市圈的交通设施主要有公路和区域铁路两大系统。公路系统主要包括高速公路、汽车专用路、骨干公路；区域铁路系统主要是指地铁、通勤铁路、城际铁路等轨道交通系统。

相比东京都市圈而言，纽约都市圈的交通组织模式主要是以自配小汽车为主，通勤铁路为辅。所以，纽约都市圈交通发展模式为"自配小汽车和通勤铁路"。

美国是当今世界"小汽车王国"的发达国家，纽约是世界上小汽车拥有量最多的大都市之一，其公路网络系统发达，高速公路是纽约城市的主要通道，城市内的汽车专用路线总长将近3000公里。其中，纽约都市圈的交通网络主要分近郊与城际。在远郊区域，纽约城市的小汽车使用结构达到了99.9%，而在近郊区域，小汽车的使用结构为97.2%，就连中心城市的使用结构也达到了53.6%。由此可见，纽约都市圈城际间的交通联系主要依赖于公路系统，交通工具主要是小汽车。纽约中心城市与都市圈内其他区域主要是通过高速公路联系起来的，公路干道则是近郊区域与中心城市的辅助交通方式。相反，在东京，小汽车的使用结构比例也不小，尤其是在近郊和远郊区域，但是在中心城市内，小汽车的使用结构比例急剧下降，这与我们前面分析的东京都市圈的交通组织模式是铁路引导相吻合。由于纽约都市交通圈发达的公路系统，导致纽约都市圈形成了分散的多中心城市布局。

纽约都市圈的区域铁路网络的规模与公路干道网络的规模是互补的。虽然纽约都市圈内居民的出行主要是以小汽车为主，特别是在那些远郊区域，但是纽约城拥有历史悠久的地铁网络，城市的地铁由4条轨道构成，全天24小时运行，其地铁网络规模仅次于伦敦，位居世界第二，并且区域内所有的地铁路线都是由曼哈顿中心向郊区辐射的。

市域通勤铁路网络成了近郊区域与中心城市联系的主要方式。根据统计数据，目前的纽约通勤铁路总长约1600公里，其中中心城167公里，近远郊区1465公里（占91%），通勤铁路网在中心城外约80公里的交通圈内线网密度为0.11公里/平方公里，150公里交通圈的其他圈域内密度较低，仅0.03公里/平方公里，反映了通勤铁路主要服务于近郊80公里以内的都市圈。

3. 伦敦都市圈

伦敦从一个小城市逐步发展为当今世界上少有的大都市之一，在城市不断发展进步的过程中，其内部交通系统与交通技术也发生了重大变革。伦敦都市圈的交通演变过程大体经历了步行时代—马车时代—铁路时代—汽车时代的整个近现代交通发展过程。目前，伦敦大都市圈正形成轨道交通和高速公路并重的现代交通发展体系。

在轨道交通方面，从1854年英国议会同意伦敦铁路公司修建一条帕丁顿经金斯克罗斯到法林顿街的地铁线，到如今伦敦已经建立一个相对完善的城市地铁系统，又有12条线路，400公里总长的地铁网，有效支撑了1600平方公里的城市空间发展，如表4-1所示。

在高速公路方面，M25环路和为数不多的几条外围的放射性道路构成，环路将互不相连的环形放射公路连接起来，形成"一环九射"的高速公路网。射线状快速运输走廊是连接中心城市与周边市县最直接的通道，是中心城市向外辐射、向内吸引最便捷的途径。英国高速公路主要由英国交通部负责建设和管理。伦敦的高速公路与英国其他地方的高速公路一样，除了个别路段和桥梁隧道外，基本上不收取任何形式的通行费。伦敦都市圈依靠良好的城际交通基础设施一体化建设，推动整个都市圈的发展。

表4-1 伦敦2008年地铁客运量

单位：百万人次

地铁线路名称	总客运量	每公里客运量
北线	207	3.6
中央线	199	2.7
区域线	188	2.9
皮卡迪利线	176	2.5
维多利亚线	174	8.3
贝克鲁线	104	4.5

续表

地铁线路名称	总客运量	每公里客运量
环线	74	3.3
大都市线	58	0.9
汉默史密斯与城市线	50	1.9

资料来源：冯奎、郑明媚：《中外都市圈与中小城市发展》，中国发展出版社2013年版。

三、对中国启示

一是提升道路网系统的可达性和机动性，努力缓解道路拥堵。三大都市圈的经验告诉我们，新建道路不会有效缓解交通拥堵的状况，但是可以为出行者提供更多的出行路线选择。通常情况下，小汽车出行需求受到地区道路交通设施承载能力极限值的约束。如果无限制地提供道路空间，其结果将会吸引公共交通使用者转向小汽车出行。目前，伦敦新建的M25高速公路的目的是提高中心区以外地区的可达性和机动性，尤其是避免穿过中心区的过境交通。再有，伦敦政府在道路方面的工作重点是通过重新分配道路空间来改善道路交通负荷。

二是重视大都市圈规划（突破行政区划界限），围绕铁路和轨道交通轴向拓展。在这三大都市圈的，东京通过优先发展轨道交通为主体的公共交通，实现了轨道交通引导的居住人口和就业人口的有效转移；而伦敦和纽约则形成了依赖于小汽车的低密度分散发展模式。尽管这三个城市发展模式不同，但是在中心区都保持了高密度的就业功能，创造了其作为全球经济活动中心的主导地位。

三是围绕公共交通节点规划建设（TOD），制定了强有力的土地使用规划和限制汽车使用的措施及政策。比如，日本政府对东京住房建设和铁路改善提供支持，通过在火车站和地铁站周围集中规划建设居住、商业和相关服务设施，确保将居住场所和工作场所设置在以公共交通为主导的地区。东京边远郊区，通过提供高可靠性的区域城铁系统，以及围绕站点集中规划建设，使该地区公共交通出行比例始终保持在31%以上，聚集了63%的居住人口。

四是倡导步行与自行车低碳出行。步行作为一种健康的生活方式是城市公共交通体系的重要组成部分。1997年伦敦规划咨询顾问委员会通过了"伦敦步行规划建议"，号召实施步行规划。此外，三大都市圈都十分重视保证步行者交通安全方面的措施，每年步行者死亡人数均不超过200人，且呈现逐年下降趋势。

第五章

总体思路

一、指导思想

以习近平新时代中国特色社会主义思想为引领，坚持新发展理念，围绕建设现代化经济体系，按照高质量发展的要求，完善交通基础设施供给机制，扩大交通网络规模，优化交通运输结构，强化各种运输方式衔接，提升综合运输能力，构建高效、均衡、绿色的综合运输交通体系，实现提质增效、环境约束、促进创新、改善民生、维护安全的交通基础设施建设目标，为实现第二个百年奋斗目标、实现中华民族伟大复兴的中国梦奠定更加坚实的基础。交通现代化的指导思想示意图如图5-1所示。

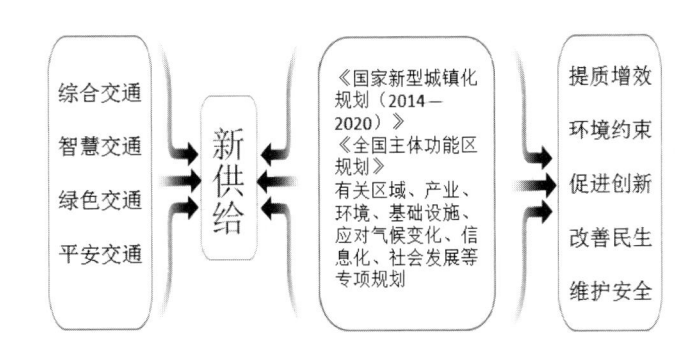

图5-1 交通现代化的指导思想示意图

二、主要理念

"经济发展，交通先行"。作为国家调结构、促转变、惠民生的重要基础，在当前复杂的经济形势下，交通运输的持续、健康、快速发展显得尤为重要，其主要理念为高效、均衡、绿色。交通现代化发展理念示意图如图5-2所示。

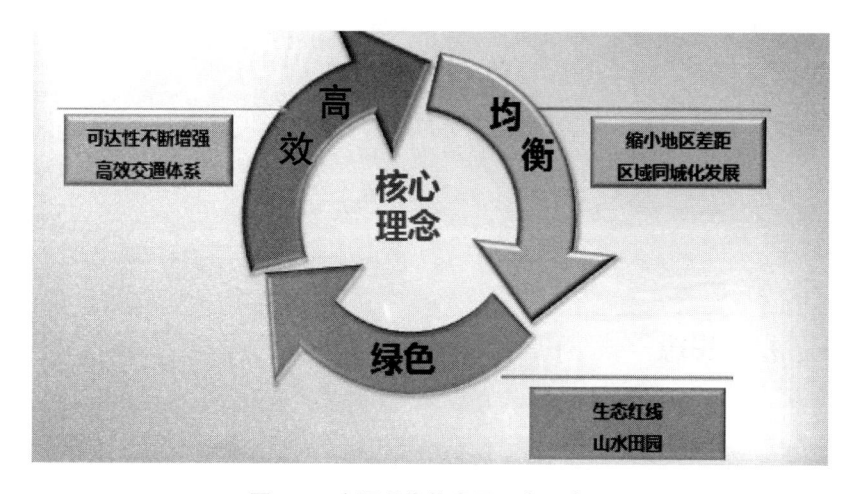

图5-2 交通现代化发展理念示意图

交通现代化核心理念示意图如图5-3所示。

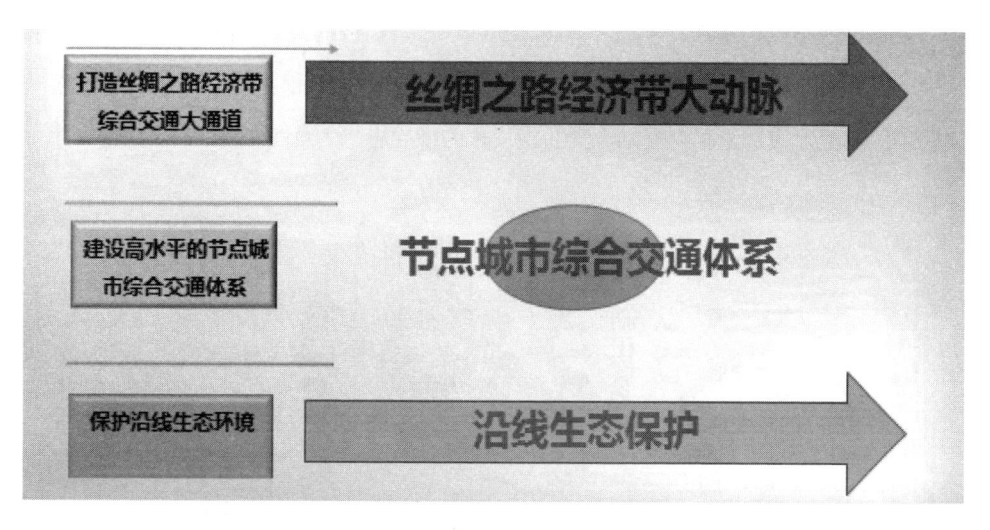

图5-3 交通现代化核心理念示意图

高效：轨道交通、水运、城市公共交通运力的提高和综合交通通达能力的提升，能大幅降低交通能耗，提高客、货运输效率，提高地区间、城市间、城乡间的交通可达性，构建高效的交通运输体系。

均衡：统筹海陆空的交通运输网络体系，有利于促进城际之间、城市群之间、区域之间、城乡之间的均衡发展，培育与带动多极增长发展格局，带动区域一体化，缩小地区差异。

绿色：合理开发利用交通土地资源，布局以交通项目为主线的制造业与服务业项目，实现"以产带城、以产促城"的互动模式，并有效控制交通运输的温室气体排放，实现交通运输集聚化、低碳化、绿色化发展。

三、战略目标

（一）2020年发展目标

交通基础设施能力充分、结构合理、衔接顺畅，基本实现现代化。全面建设以"高效、安全、舒适、绿色"为特征的国家高速铁路、公路、水运、航空网络体系，交通综合运输发展达到世界中等发达国家水平，有效支撑和保障我国全面建设小康生活水平，如表5-1所示。

铁路发展目标。国家快速铁路网络体系初步建成，营业里程达到13.5万公里以上。其中高速铁路营业里程数达到2.1万公里以上，运输服务基本覆盖50万人以上人口城市。在东南壁，大力提高铁路网密度，加强以环渤海地区、长江三角洲地区、珠江三角洲地区为核心城市群城际客运系统，覆盖区域内主要城镇。推进西北壁开发性铁路建设，带动兰州、哈密、乌鲁木齐、喀什、阿克苏、和田、阿拉山口、伊犁等枢纽城市综合交通体系建设。

公路发展目标。公路网络体系基本建成，通车里程达到550万公里，其中高速公路营业里程数达到12万公里以上，实现首都辐射省会、省际多路连通，地市高速

表5-1 2020年交通现代化发展目标

指标	单位	2013年	2020年 综合交通网中长期规划	2020年 徐宪平（我国综合交通运输体系构建的理论与实践）	2020年 专项规划或相关研究机构	2020年 测算依据：增长率、灰色关联，以及相关研究机构
综合交通运输总里程	万公里	459	—	—	—	576.5
铁路营业里程	万公里	10.3	12以上	12.9	13.8（中国铁路总公司）14（国家发改委综合运输研究所董焰）	13.5（3.9%）
高铁营业里程	%	1.1	—	—	1.8（中国铁路总公司总经理盛光祖）	2.1（9.8%）
公路通车里程	万公里	436	—	557	—	550（3.4%）
高速公路	万公里	10.44	10	12.1	11.8《国家公路网规划（2013—2030）》12（国家发改委综合运输所报告）	12
内河航道里程数	万公里	12.6	13	—	—	12.9（0.26%）
三级及以上航道里程	万公里	1.02	—	1.2~2.5	1.4《加快推进长江等内河水运发展行动（2013—2020年）》	1.4
民用机场数	个	193	244	234~260	244《全国民用机场布局规划（2006—2020）》	244

通达、县县国道覆盖。东南壁地区省会到地市可当日往返、西北壁地区省会到地市可当日到达；区域中心城市、重要经济区、城市群内外交通联系紧密，形成多中心放射的路网格局。

水运发展目标。全国内河航道里程数达到 13 万公里左右，其中 1.4 万公里左右三级及以上航道里程，全国内河水运货运量达到 30 亿吨以上，长江等内河主要港口和部分地区重要港口建成规模化、专业化、现代化港区。建成畅通、高效、平安、绿色的现代化内河水运体系，成为综合运输体系的骨干、对外开放的通道和优势产业集聚的依托。

空运发展目标。运输机场数量达到 244 个左右，基本建成布局合理、功能完善、层次分明、安全高效的机场体系。航空运输能力显著增强，航空运输量增长率逐年提高，航班正常率高于 85%，公众对民航服务满意度不断提高。

节能减排目标。能源节约和污染排放控制取得明显成效。与 2005 年相比，2020 年营运货车单位运输量能耗下降 16%，营运船舶单位运输量能耗下降 20%，港口生产单位吞吐量综合能耗下降 10%。

交通节点与枢纽发展目标。全面建成区域性综合运输大通道和与之相衔接的交通枢纽，交通运输的可达性能力不断提升，促进地区之间、城乡之间、城市群之间的经济联系度更加紧密，发展的协调性、系统性和可持续性显著提升。

（二）2049 年发展目标

到 2049 年，综合考虑无人驾驶技术、无人驾驶轨道技术、互联网、物（车）联网新业态的发展态势情景下，交通运输智能化、智慧化、信息化成为这个时期主导方向，实现运输规模扩张向运输质量提升转变，实现智能交通发展的零排放、零油耗、零堵塞、零事故的美好愿景。

无论是东南壁，还是西北壁，综合交通运输体系逐步建立，基本实现与各自对标国家的发展水平，进一步夯实交通在经济发展的重要"引擎"作用，引领地区经济社会的发展，实现"交通发展、经济强国、民族复兴"梦想。

第六章

重点任务

结合发展理念、发展目标，下一阶段，有必要在建设我国综合交通立体空间走廊的基础上，大幅提高东南壁的交通路网密度，尤其是轨道交通的路网密度，加强都市圈城际交通体系建设，以适应东南壁地区城镇化和区域一体化的发展要求；聚焦西北壁综合交通体系建设，从国家战略出发，在强化生态功能区化的特点与特质基础上，提高交通现代化程度，注重整体布局和沿线开发中的生态保护；借鉴国际先进经验，大力建设综合交通枢纽，按照"零距离换乘、无缝化衔接"要求，加快建设全国性综合交通枢纽和重要区域性综合交通枢纽，加强客运枢纽一体化衔接，实现城市轨道交通、地面公共交通、市郊铁路、私人交通等设施与干线铁路、城际铁路、干线公路、机场等紧密衔接，大力发展多式联运；划清生态红线，优化交通运输资源配置，优化交通运输土地资源配置，发展清洁运输，推进节能减排；促进现代物流业发展，完善适应东西地区物流特点、需求的物流网络布局。

一、建设综合交通立体空间走廊

一是建立铁路运输体系。发展高速铁路，建成国家快速铁路网。在现有"四横四纵"的基础上，建设相关辅助线、延伸线和联络线。做好已有区域间、城际间、城乡间的干线与新线建设相结合，建成覆盖不同城市规模等级城市的快速铁路网。

二是优化公路运输网络。积极推进国家高速公路建设，加快剩余路段建设、"瓶颈"路段建设，以上海、北京、广州等超大城市为重点，消除不同地区间"断头路"，尽快形成连通中心城市、重点经济区、主要港口和重要边境口岸的高速公路网络。在科学论证和规划基础上，建设必要的地方高速公路，作为国家高速公路网的延伸和补充。加大国省道干线公路改造力度，提升技术等级和通行能力。

三是拓展航空运输网络。科学论证，提高主要城市间航班密度，增加国际运输航线，提升空中交通网络运行能力。依托空港资源，鼓励有条件、有资源禀赋地区重点发展临空经济。发挥大城市的区域枢纽功能，加快区域性重点航线建设，以支线机场和通勤机场为支撑，形成层次清晰、功能完善、结构合理的基础布局。

四是建设国际运输通道。以"一带一路"倡议为纲，推进东北亚国际运输通道、中亚国际运输通道、南亚国际运输通道、东南亚国际运输通道及沿线节点城市交通综合体系建设。

建设丝绸之路经济带运输大通道，在陆桥运输大通道（东起连云港，经徐州、郑州、西安、兰州、哈密、乌鲁木齐，西至阿拉山口），打造向东连接丝绸之路经济带各有关城市，向西连接丝绸之路南线喀什、阿克苏、和田等节点城市的综合交通网络。

二、构建差别化的交通发展空间格局

由于我国地区交通运输布局的地区差异性，在规划现有交通运输布局采取分类指导、实施差别化的规划思路。以胡焕庸线的测算结果作为下一步交通运输布局的思路。将全国交通运输布局划分为东南壁和西北壁。

依托"一带一路"倡议，以及长江经济带、新型城镇化、主体功能区等国家战略，统筹发展水路、铁路、公路、航空、管道等各种运输方式，加快综合交通枢纽和国际通道建设，建成衔接高效、安全便捷、绿色低碳的综合立体交通走廊。

在建设我国综合交通立体空间走廊的基础上，大幅提高东南壁的交通路网密度，尤其是轨道交通的路网密度，加强都市圈城际交通体系建设，以适应东南壁地区城镇化和区域一体化的发展要求；建设长三角、珠三角、京津冀都市圈以轨道交通为主的城际交通网络体系。加快中心城市及其腹地城市的城际快速通道建设，加强与中小城市和小城镇与交通干线、交通枢纽城市有效衔接，提高中小城市和小城镇公路技术等级、通行能力和铁路覆盖率，构建不同等级的交通走廊经济带，提升东南壁综合交通运输一体化水平。

聚焦西北壁综合交通体系建设，从国家战略出发，在强化生态功能区的特点与特质基础上，提高交通现代化程度，注重整体布局和沿线开发中的生态保护。为此，一是发展节点中心城市，提高城镇化地区可达性。以省会和重点城市作为区域核心节点，加大力度建设区域性枢纽机场和铁路客站，发展高铁专门通道，提高城镇化地区可达性，带动周边区域发展。二是以支线机场建设为重点，连接西北壁的同时体现地区的生态功能。继续加快西北壁建设支线机场的步伐。三是发挥铁路在交通走廊中核心作用，推动共建丝绸之路经济带，形成国际交通节点。推进各国签署《国际道路运输便利化协定》，加快中国与中亚地区及其邻国的铁路建设。

三、加快综合交通的枢纽建设

按照"零距离换乘、无缝化衔接"要求，加快建设全国性综合交通枢纽（节点城市）和重要区域性综合交通枢纽（节点城市）。加强客运枢纽一体化衔接。根据城市空间形态、旅客出行等特征，合理布局不同层次、不同功能的客运枢纽。

建立健全综合运输规划体系，统筹各种运输方式之间及各种方式与城市交通之间规划的协调与衔接。实现城市轨道交通、地面公共交通、市郊铁路、私人交通等设施与干线铁路、城际铁路、干线公路、机场等紧密衔接，大力发展多式联运。完善城市交通和城际交通与机场的规划衔接，提高换乘效率和机场辐射能力。

加强对综合客运枢纽规划建设工作的指导，引导建立以地方政府为主导的综合客运枢纽规划建设部门协调机制，着力解决规划衔接、建设用地等问题。推动地方政府和枢纽所在城市开展综合客运枢纽布局规划编制工作。以高速铁路、轨道交通等建设为契机，重点建设一批集多种运输方式于一体的综合客运枢纽。

鼓励采取开放式、立体化方式建设交通枢纽，尽可能实现同站换乘。完善货运枢纽集、疏、运功能。统筹货运枢纽与开发区、物流园区等的空间布局。按照"无缝化衔接"要求，建设能力匹配的公路、铁路连接线和换装设施，提高货物换装的便捷性、兼容性和安全性，降低物流成本。

加快综合运输枢纽集、疏、运体系建设。加快建设集、疏、运配套设施，使之服务于重点枢纽港口、重点物流基地（中心）。加快推进综合客运枢纽集、疏、运体系建设，保障枢纽效能的发挥，缓解城市交通拥堵。加快推进主要港口、铁路和公路货运站场、物流园区等货运枢纽的集、疏、运网络建设。继续加快高速公路与主要集装箱港区的连接，推进铁路疏港支线及联络线建设，加强沿海港口与内河运输的衔接。

加快综合交通枢纽规划工作，做好与省域城镇体系规划、城市总体规划、土地利用总体规划等的衔接与协调。统筹综合交通枢纽与产业布局、城市功能布局的关系，以综合交通枢纽为核心，协调枢纽与通道的发展。

四、促进交通运输绿色化发展

一是优化交通运输土地资源配置。根据交通基础设施发展规划，确定各种交通方式基础设施建设用地总量，落实土地利用总体规划确定的建设用地规模、结构和时序安排。健全交通用地统计体系是用途管制制度，作用于交通用地优化配置的基础。完善交通用地统计制度，做好交通规划与土地规划的衔接。按照分类对待、渐进推进的原则，分阶段实施交通项目用地有偿使用制度。制定交通用地共用（综合利用）鼓励政策，鼓励交通基础设施用地的地上、地下空间开发利用，完善地上、地下建设用地使用权配置方式。建立交通项目共用土地的审批制度。综合运输通道中的项目审批应该要求对申报项目时充分论证该项目建成对通道其他方式项目建设用地的影响。有实施条件的项目，鼓励尽量共用桥位、线位资源，建立各建设利益相关方责、权、利分享机制。

二是发展清洁运输，推进节能减排。深化循环经济发展理念，遵循"减量化、再利用、资源化"原则，积极探索适合我国国情的发展交通循环经济的有效方式、体制机制及标准规范，积极应用绿色交通新技术、新材料、新工艺、新装备，实现资源的可循环利用。完善运输装备的市场准入与退出机制，通过营运车船节能减排标准的制定，以及营业性车辆燃料消耗量限值标准的实施，逐步淘汰高耗能的设施和装备，从源头上限制高耗能运输车船进入运输市场，促进运输技术装备结构的优化升级。加强行业节能监督管理主要是通过完善交通节能法规与制度的途径来实现。另外，通过完善交通建设项目节能评估与审查制度从而制定出节能评估导则和审查指南，在项目立项、初步设计、施工及验收审批中引入节能要求这个刚性指标也是很必要的。进一步，完善交通行业能源消耗统计报告和分析制度，健全交通行业能源利用监测体系。抓紧研究不同类型，不同规模港口的能耗标准和燃油经济性标准研究。

五、积极发展现代物流业

一是以市场为导向，提高现代物流业产业集中度。通过资产重组和公司制改造等方式，以资产作为纽带，培育一批跨区域、跨行业，具有较强竞争力的大型运输企业或集团。引导中小型交通运输企业向专、精、特、新方向发展，发挥其在满足多元化运输需求，扩大就业等方面的重要作用。

拓展道路货物运输新的发展领域和空间，将采购、制造、运输、仓储、代理、配送、包装加工、销售、信息处理等环节有机地串联在一起，以拓展服务功能为基础，创新扩展增值服务领域，从而形成新的经济增长点。

支持运输企业做大做强，积极发展第三方物流服务。在现有区港联动试点和保税港区的基础上，提升保税物流园区和保税港区服务功能，发展国际中转、国际配送、国际采购、国际转口贸易和出口加工等业务，积极支持临港工业发展，探索向自由港方向发展的新模式。

二是加强统筹规划，完善物流网络布局。充分考虑物流组织的需要进行货运站场的选址，并通过与其他运输枢纽的合理有效衔接，做好港口、运输站场等物流结点的布局规划。建设大型物流枢纽，发展区域性物流中心，推动长三角、珠三角和环渤海等地区的现代物流业发展。探索适应我国国情的物流发展模式，加强对中心城市、物资集散和口岸地区大型物流基地（园区）的统筹规划，推动物流业的梯度发展。

三是加强物流技术研发应用，重视物流标准规范制定。

为了促进物资流、信息流及资金流的整合，搭建公共物流综合信息平台。通过完善标准体系，从鼓励和引导交通企业增加技术创新投入力度的角度，加强物流技术分析研究，大力开展新型智能技术在交通行业中的研发和应用。加快建设及应用各种平台的进程，实现信息资源的连通和共享。重视物流人才培养，充分发挥我国人力资源丰富的优势，鼓励采取多种方式加强培养高级物流技术研发与管理人才，特别要培养熟悉供应链管理的咨询专家和技术专家，为现代物流提供智力支持。

第七章

保障措施与政策建议

一、做好规划衔接工作

（一）建设综合交通体系

一是构建"大网络"。网络构建从国际之间到城乡之间分为五个层级。第一，国际运输网络。重点加密近远洋航线和提升航运能力，强化金融支撑和信息支撑，重点加快推进国际客运直达航线建设。第二，省际交通网络。重点发展高速铁路、高速公路和沿海水运，积极发展管道运输和内河水运，畅通省际出口，基本建成联通全国的畅通骨干网络。第三，城际交通网络。优先发展城际快速轨道，加强省域中心城市间和城市群内网络衔接。重点建设覆盖省内各地级城市的快速城际网络。鼓励发展市郊铁路，加强都市区与卫星城镇间快捷通勤交通网的建设。第四，城市交通网络。全面提高公共交通线网密度和站点覆盖率，重点提升城市客运公共化水平。重点加强城市静态交通系统需求管理和建设，实现"静态交通管理"与"动态交通结构"的协调发展。第五，城乡交通网络。重点加强小城市、中心镇公路网建设；加强通行政村公路全部油路（或水泥路）化，加强农村客运站场建设；加强陆岛码头、客运站、连接线公路及配套基础设施的建设，完善陆岛交通码头与公路的有效对接。

二是建设"大枢纽"。第一，国际枢纽港。重点统筹发展港口基础设施，重点完善集疏运网络，建设内陆城市"无水港"，着力打造面向全国的集疏运网络体系，增强综合性国际枢纽港对"陆向"和"海向"腹地的辐射能力。第二，亚太空港门户。加快基地通用机场、小型通用航空机场和直升机临时起降点布局与建设。完善集、疏、运网络，加强空港物流园和航空货运基地建设，促进空港经济和航空物流快速发展。第三，城市换乘枢纽和物流中心。重点加强各枢纽间的衔接，建立和完善能力匹配的铁路、公路等集、疏、运系统和城市配送系统，实现货物运输的无缝化衔接。

三是搭建"大平台"。第一，加快建设综合交通运输信息平台。加快物流公共信息平台建设，加强公众出行信息服务系统建设，加快推进省域客运售票联网和电子客票系统建设，加快运输管理信息平台建设。第二，建设交通运输技术装备升级应用平台。推进客运车辆结构升级和节能化进程，发展大型干散货船、大型油轮、集装箱船、滚装船和液化气船。推动使用综合能源消耗低、排放小的运输装备。第三，加快健全安全应急保障平台。增强运输安全保障能力，制订交通应急能力建设规划，建立交通运输应急预案和处置机制。加快安全救助系统建设，提高应急反应速度和救援成功率。建设应急保障队伍，加强应急救援力量。

（二）实现新型城镇化与交通现代化的协调发展

新型城镇化和城乡一体化进程加快，交通运输服务要向融合均等型转变。"十二五"期间，通过积极规划建设路网、统筹布局道路及场站设施，带动了客运、物流、旅游等产业的发展，加速了人流、物流、信息流的转移集聚，进而支持了新型城镇化建设和发展。"十三五"期间，随着城乡一体化进程加快，城乡交通融合度将进一步增强，更要抢抓机遇，要把交通建设服务要素加快向城乡民生领域集中。要完善综合运输通道和区际交通骨干网络，强化城市群之间交通联系，加快城市群交通一体化规划建设，改善中小城市和小城镇对外交通，发挥综合交通运输网络对城镇化格局的支撑和引导作用，全力推动交通设施城市对接、城乡衔接、联网共享。

加大农村公路养护的财政投入力度，完善农村公路养护公共财政投资体制和运行机制，进而实现农村公路管理与养护的规范化、常态化；统筹城乡客运资源配置，推进城乡客运一体化，稳步提高农村客运班车通达率，鼓励城市公交向城市周边延伸覆盖，到"十三五"末，基本实现全国所有乡镇通班车。

（三）借力产业转型升级的改革红利

我国交通运输"十二五"发展规划中提出，加快转变交通运输发展方式必需"加速产业结构、产品结构的优化升级"。因此，在"十三五"新形势下，应当进一步优化调整相关产业政策、培育交通新兴战略产业。

一是促进产业自主创新。在借鉴引进国外先进技术的基础上，应当促进交通运输业更走技术创新、自主研发为主的发展道路；深化科技创新，加大对交通运输核心技术研发的支持力度；调整产业结构，促进产业结构转型，淘汰落后产能。

二是培育高新技术产业。加快发展"智慧交通"，要促进物联网、云计算、大数据等现代信息技术在交通运输领域的深度运用，建立适应交通运输发展需要的科技创新体系，打造交通运输产业升级版；加快构建交通运输公共信息平台，实现交通运输服务"一张网""一张图""一个平台"。

三是强化产业综合规划引领。重视交通产业综合规划，促进公路、铁路、水路、民航和轨道等交通方式协调发展。依托铁路、高速公路和沿海港口大力发展多式联运，构建效率高、成本低、辐射力强的综合运输大通道，发挥组合效益和整体优势，提高交通运输一体化水平和集、疏、运效率。

（四）坚持走现代化生态交通道路

交通运输"十二五"发展规划中提出，"交通运输行业要以节能减排为重点，建立以低碳为特征的交通发展模式，提高资源利用效率，加强生态保护和污染治理，构建绿色交通运输体系，走资源节约、环境友好的发展道路"。

近期的发展建设不要为远期的发展制造障碍，不能只顾经济效益而忽视社会效益和环境效益，为远期的发展留有余地，因此"十三五"要在"十二五"的基础上，坚持在可持续发展的观念下来发展我国的道路交通现代化，主动适应节约资源和保护环境的更高要求，着力推进绿色交通建设。这既是发展现代交通运输业的必由之路，也是交通运输产业转型升级的迫切需要。

一是加强公路节能减排技术建设。开展节能减排技术的推广应用，研究解决关键技术难题，加大建设材料循环利用技术应用。例如，废旧轮胎胶粉改性沥青筑路，粉煤灰、矿渣、煤矸石等工业废料的使用，编制《公路隧道通风照明设计细则》，修改完善公路隧道照明相关技术规范，推进现代化智能交通节能减排工程。

二是加快现代信息研发技术建设。开发利用行业信息资源，建立资源共享的政府公共信息服务平台和管理信息平台，为公众出行和货物运输提供及时、准确、高效的交通信息；使用收费站不停车收费（ETC）系统，加强行业信用信息系统建设，打破资源约束瓶颈，着力减少碳排放，促进绿色交通迅速发展。

三是通过财税政策来调节交通消费。要通过财税政策来调节交通消费行为，实现经济、公共和环境效益的目的。采用惩罚或约束性的税费政策或者激励性的财政政策，调节人们出行方式，倡导绿色出行，保证交通现代化、高效化、低碳化，保障交通体系的可持续发展。

二、深化交通领域投融资改革

（一）控制和防范交通领域政府性债务风险

做好交通领域地方性债务存量甄别工作，妥善处理交通领域存量债务，化解交通领域债务风险。

一是锁定存量，"堰塞湖"不能扩大。锁定后的交通领域政府债务及或有债务存量债务余额只减不增，除正常清偿外，债务数据不得调整。

二是纳入预算管理，财务公开。地方各级政府要将锁定后的交通领域政府债务及或有债务情况及时向同级人大或其常委会报告，并按照信息公开有关要求及时向社会公开。锁定交通领域债务余额后，地方各级政府、各部门、各债务单位要将交通领域政府存量债务分类纳入预算管理。

三是分类管理，不做兜底承诺。对交通项目公益性和商业性做出彻底划分，公益的归政府，商业的归市场，有效处置交通领域地方债。

（二）加快建立规范的地方政府举债融资机制

此前，国务院出台的《国务院关于加强地方政府性债务管理的意见》已经明确指出，剥离融资平台公司政府融资职能，融资平台公司不得新增政府债务。因此，在推进交通现代化投融资体系建设时，应当厘清政府与市场边界，逐渐减少城投债规模，逐步降低对平台公司的融资功能的依赖。在过渡期内，对于已有债务，在地方债权资金无法满足的前提下，可以继续以平台公司的渠道模式融资；在新《预算法》实施后，一律不允许企事业单位通过银行贷款、企业债、中期票据等方式举借政府债务、享有政府信用，厉行地方政府举债融资改革。对于没有收益的公益性交通现代化项目，由地方政府发行一般债券融资；对有一定收益的公益性交通现代化项目，主要由地方政府发行专项债券融资或采取政府与社会资本合作（PPP）模式支持。

（三）积极探索和广泛运用政府与社会资本合作模式

在交通领域积极推广使用政府与社会资本合作模式（PPP模式），吸引社会资本参与公益性项目建设并获得合理回报，充分利用社会资本方在管理和技术上的优势，有效降低投融资成本，既可拓宽社会资本投资渠道，也能减轻政府举债压力，对于推进综合交通网络现代化、推进公众出行服务现代化、推进货运与物流服务现代化、推进交通运输信息技术应用能力现代化、推进交通运输治理能力现代化具有重要意义。

一是加强机构建设。可以在财政部下设立专门的管理部门负责交通PPP项目的相关工作，并配有PPP项目采购、合同管理指导的经济咨询机构，利用现有行业部委下属的具有交通专业知识的技术咨询机构，满足PPP模式在交通行业的应用需求。

二是明确政策指导。由于交通PPP项目运营周期较长，建议及时出台支持政策，同时充分发挥市场机制，降低政府在交通PPP项目中的成本和风险。针对交通领域不同PPP项目本身经济性的强弱采用不同的激励政策。

三是提高项目开发和储备能力。在设立相应的管理部门的同时，建议该部门同时负责交通PPP项目的开发与储备，依据"物有所值"的理念和定量计算的方法来确定一个项目是否能够采用PPP模式；否则，将容易出现"烂尾工程"，相比于传统投融资模式反而加大了政府的风险。

四是促进能力建设。交通PPP项目涉及金融、法律、会计、交通物流、建筑工程等多个领域的专业技术，需要一大批既有理论又有实践经验的复合型人才。要加强相关人员的培训，并加大相关专业人才和管理技术的引进力度。

五是提升监管管理力度。应当针对交通PPP项目的不同阶段实施不同的监督举措，在招投标阶段、运营阶段和资产转让阶段都应有相应的监督管理依据与措施，进而有效提高资金利用率、收益率，明确资金从哪儿来、到哪儿去，产生了何种效果、得到了何种收益。

六是加强风险管控。交通PPP项目虽然在有产出后才向投资者付款，但是，未来每年支出的现值总额便是政府的或有债务。如果交通PPP项目规模过大或总额过大，则可能给政府带来财政风险，利用PPP创新投融资就有可能得不偿失。

PPP模式在交通领域运用的典型案例

（1）北京地铁四号线PPP项目。

以北京地铁四号线建设融资为例。由于种种原因，北京地铁的公益性高于盈利性，民营资金一般不愿进入这一领域，同时北京地铁在融资过程中贷款不易得到银行认可（因一直亏损运营，贷款需政府提供担保），而财政资金又十分有限，这使得北京四号线地铁建设资金不足问题比较突出。香港地铁雄厚的资金和卓越的运营管理优势使之成为北京四号线地铁建设的最佳合作伙伴。

按投资建设责任主体，北京地铁四号线的全部建设内容划分为A、B两部分：A部分主要为土建工程建设，投资额约为107亿元，占项目总投资的70%，由北京地铁四号线投资有限责任公司（以下简称四号线公司）负责投资建设；B部分主要包括车辆、信号、自动售检票系统等机电设备的投资建设，投资额约为46亿元，占项目总投资的30%，由香港地铁公司与北京市基础设施投资有限公司合作组建的北京京港地铁有限公司（简称京港地铁）负责投资建设。京港地铁注册资本13.8亿元人民币，由北京市基础设施投资有限公司出资2%，北京首都创业集团有限公司和香港铁路有限公司各出资49%组建。四号线建成后，京港地铁根据与四号线公司签订的《资产租赁协议》，取得A部分资产的使用权。京港地铁负责地铁四号线的运营管理、全部设施（包括A和B两部分）的维护和除洞体外的资产更新，以及站内的商业经营，通过地铁票款收入及站内商业经营收入回收投资。在30年的特许经营期，京港地铁还将追加投资32亿元用于设备的更新和维护。同时，由于四号线存在政府投资部分，通车后京港地铁需要通过租赁的方式取得使用权，而30年的租金将近达到15亿元。据此推算，地铁四号线在30年内实际吸引社会投资近100亿元。特许经营期结束后，京港地铁将B部分项目设施完好、无偿地移交给市政府指定部门，将A部分项目设施归还给四号线公司。四号线已于2009年9月28日开通试运营。

（2）法国—西班牙跨国铁路PPP项目。

以法国—西班牙跨国铁路PPP项目为例。1995年，欧洲各国在数轮谈判后最终达成协议，决定在欧洲TEN—T铁路连接网建设中引入PPP模式。在该协议下，法国政府和西班牙政府依据国际铁路联盟标准，建设了一条从法国佩皮尼昂至西班牙菲格拉斯的跨国铁路。这条铁路在法国和西班牙乃至欧洲铁路系统中都起到重要的连接作用，使法国至西班牙的货运时间缩短10~12小时，客运时间缩短2小时。

该项目从2003年5月开始招标，2003年10月收到报价，2003年11月开始同两家承包联合体谈判，2004年2月17日签订特许经营合同。该合同由两国招标后共同确定，并依照欧洲经济共同体指令93/97（EEC Directive 93/37）顺利完成。项目的特许经营期为50年，经营期结束后项目移交给两国政府。项目总投资近10亿欧元，其中包括法国、西班牙和欧盟所给予的共计5.4亿欧元的资金补助。这些补助分10次支付，每半年支付一次。

项目中有三个关键点值得注意。

一是政府间合作。在合作中，法国、西班牙两国政府共同制定了统一、有效、可执行的招标程序。在招标过程中，两国政府又共同成立了跨政府工作委员会对招标过程进行监管。此外，两国政府在政策、审批等方面都对项目提供了强力支持，从而保证了招标的顺利进行。

二是责任分工。该项目中政府部门主要负责项目设计，社会资本方负责项目的建设和融资。且在特许经营期内，铁路由社会资本方负责运营。项目合同对社会资本方的维护及绩效进行严格规定，如不合格，将面临政府罚款；项目必须在合同签订后的5年内完成建设，融资方案则要在合同签订后的12个月内到位。

三是风险分担。在该PPP项目中，运营风险主要由社会资本方承担，政府和社会资本方双方均采取了一系列措施努力降低项目风险。这些措施包括从融资角度来看，政府给予大量补贴，占到建设成本的57%；社会资本方也为项目提供银行担保等资金支持。此外，在预测铁路客运量时，虽然社会资本方有意愿来最大限度地增加铁路客运量，但法国、西班牙两国政府基于客观因素给出了比较准确的预测结果，为风险合理分担奠定基础。

在建设丝绸之路经济带、形成全方位开放新格局的语境下，充分运用PPP模式，引入社会资本参与交通现代化建设项目，既能填补相关资金缺口，又能推动国与国之间、政府与企业之间的合作，带动区域经济协同发展。

三、全面推进交通领域法治化

（一）完善交通安全法规体系

一是加快统筹完善综合运输法规体系。全面考虑铁路、公路、水路、民航和邮政等方面的立法情况，研究制定综合运输法规体系。统筹立法、修法、废法工作，结合交通运输管理，针对薄弱环节和突出矛盾，做好现有法律法规的修订完善、应有法律法规的组织制定工作。

二是重视完善统一制度体系的建设。各级交通运输部门要加强法治观念，全力维护法制统一，确保制定政策、规范性文件和标准规范符合法律法规的规定，严禁违法或者采取变通手段超越法律规定制定政策、文件和标准规范。要统筹考虑地方交通运输立法和国家立法的关系，部门印发的文件不得与上位法抵触，形成和谐、统一、高效的交通运输制度体系。

三是着力建设创新驱动机制。要加强前瞻性研究，加强对热点、难点问题的研究，制定研究、规划"时间表"，整体推进、重点突破交通现代化难题，使制度设计能够深刻把握和反映经济社会发展规律。要推进科学立法、民主立法，使专家咨询论证、公众参与交通运输立法常态化、制度化。要继续深入探索开展立法后评估工作，尤其对群众关注度高的、对经济社会发展影响大的立法项目和规章制度，要加强事后评估，为交通运输法规的立、改、废提供充分的参考和依据。

（二）切实改进交通行政执法

一是深化执法模式改革。鼓励各级交通政府部门按照决策权、执行权、监督权既分离又制约的原则，进一步推进综合执法、统一执法、联合执法、路警共建等多种形式的交通运输行政执法模式改革。进一步理顺各门类执法机构的条块管理关系，减少执法层级，从体制机制上解决多头执法、职责交叉、重复处罚、执法扰民等问题。

二是加强执法信息化建设。加强现场电子取证和检测设施建设，积极推广非现场执法方式，以信息手段来制约"人情案"和滥用自由裁量权的现象；充分利用和整合各地各系统已有的信息资源，建设跨区域执法信息共享平台，推动各地各系统执法联动和区域协作。

三是加强执法监督管理。针对调查取证、实施行政强制、行使自由裁量权、收缴罚款等行为，制定更加具体的执法细则和操作流程。进一步加强执法风纪建设，严格执行执法禁令和执法忌语，切实做到公正规范文明执法。加强政务服务体系建设，推行首问负责制、限时办结制、服务承诺制等，推进区域网上申办制，建立区域咨询服务平台，全面提升行政执法效率。完善违规执法举报投诉处理制度，认真查处群众举报、媒体曝光的典型案件。加强对执法文书和执法案卷的监督管理，坚持开展执法评议考核。组建专门的执法监督队伍，切实落实执法人员、执法单位和相关领导的执法责任。

（三）强化交通法律法规的宣传力度

一是提高交通运输部门各级领导干部的法治意识。要坚持和完善交通运输部门领导干部学法制度，发挥党组（委）会、办公会组织领导干部学习法律的平台作用和带头作用。将领导干部学法守法用法的能力和水平作为选拔任用干部的重要内容，使交通运输部门各级领导干部牢固树立党的领导、依法治国、执法为民、公平正义、服务大局为基本内容的社会主义法治理念，为交通执法部门全体人员的良好工作风气奠定基础。

二是推动交通执法部门树立正确的法律价值观。各级交通运输部门领导全部人员都要牢固树立宪法和法律至上的理念，摒弃法律工具化的思想。准确理解法律，正确实施法律，坚决杜绝将行政权力部门化、部门权力利益化、部门利益法制化的倾向，强化权限意识、规则意识、程序意识、责任意识，将一切行政行为纳入法律制度的调整范围，不允许任何单位和个人有超越宪法和法律的特权，努力提高交通运输系统领导干部和从业人员的法律素质。

三是全面推进全社会交通普法宣传的实施。建立交通运输法律法规全国统一宣传制度，组织策划交通运输法制宣传教育主题活动，定期组织开展法制专题培训交流活动，促使整个社会遵法、守法、护法的良好风尚蔚然成风。

四、积极引导社会参与

（一）适当放宽对社会资本进入交通现代化建设的政策限制

一是有必要从体制上进行创新，在公共服务领域引入优秀的社会资本参与，促使交通行业企业展开良性竞争。通过市场竞争提高行业服务水平，降低运营成本，打破定价和经营垄断，充分利用优胜劣汰的淘汰机制，使竞争者参与者、消费者和政府多方受益。

二是应该改善融资渠道，通过多方集资，积极引导鼓励社会资本参与城镇交通现代化建设。出台政策适当放宽和取消对社会资本参与的限制，政府应从交通的参与者逐步转型变成交通的管理者。贯彻谁投资谁受益的市场机制，吸取社会资本，加快交通现代化建设。解除市场准入限制和观念束缚，有效地减轻城镇政府在财政上的压力，显著增加交通建设的质量效率和增加企业的收入，提高人民生活水平。

三是在放宽政策限制的同时，不能降低企业资质标准，并加强对社会资本的政策监管。社会资本进入公共交通建设必须具备以下三个方面条件：一是必须有从事公共交通运营管理和相关服务的能力，如必须有相应的设施、设备和人员等；二是要确保能够提供服务能力，满足公共交通的公益性，达到快速、时效性的要求；三是要有足够的资金支持。

（二）对社会资本给予税收政策优惠和补贴支持

一是给予社会资本在交通现代化建设税收方面优惠政策，增强社会资本交通现代化方面的积极性。如适当减少企业对高新设备购买的增值税税收，鼓励对新型智能系统（如 GPS 及车辆行驶安全系统等）的购置。降低公司所得税税率比率以减少企业的收入负担，及时对企业自主科研经费金额进行相等税额的税收抵免和通过对比其在科研方面的经费投入占其总收益金额比率进行科研补贴等，以促进社会资本在城镇交通领域的发展。

整顿规范交通领域税费制度，严格管控政府交通执法收费渠道，适当减少不必要的收费，积极为社会资本减压。建立以税收收入为主、收费为辅、税费并存的政府收入运行机制，从法律和体制上保证使企业的负担稳定在合理的水平上。

二是在现有的政策扶持基础上，探索新的财政补贴方式，加强政策创新。改变目前形式相对单一的补贴手段，开展政策创新，对社会资本实行多种扶持方法，切实落实和完善对社会资本投资城镇交通建设的税收优惠政策，鼓励技术进步，引进管理先进、资金充裕的社会资本进入交通现代化领域。从政策上和观念上破除社会资本建设、经营、维护公共基础设施的偏见，逐步建立起国家统一的税收优惠扶持体系，使社会资本真正成为政策的受益者。

三是加强对补贴优惠企业的审查力度和监管力度。颁布相应法规和政策，规定强制受到补贴的公交企业在不涉及商业机密的前提下必须真实、及时、主动地披露经营信息，切实做到权利与义务的对等。全面、深入、充分地了解企业经营情况，及时有效地对相关政策实现效果进行评估并修正，防止乱领补贴的现象的发生。建立规范的财政补贴机制，规定社会资本应公开的信息内容、公开时间、信息发布渠道等，保证社会资本经营信息的及时和准确。监督督促企业积极加强内部控制和改善经营状况，提高企业的核心竞争力和危机意识，保证政府投入资金的合理使用，最大程度上发挥政府补贴资金的社会效益，最大程度上发挥公共交通的社会公益性和社会职能，较好地实现城镇公交现代化的建设的目的。

第二篇 专 题

分报告1

发展历程与现状

作为一个历史悠久的文明古国，我国的交通运输体系经历了漫长的发展历程。我国交通体系的演进具有很强的历史延续性，其体系发展与变革的主要阶段划分与我国历史研究中的历史时期划分具有很强的一致性。因此我国交通体系可依此划分为古代（约公元前21世纪—1840年）、近现代（1840—1949年）和中华人民共和国成立后（1949年至今）三个大的发展阶段。

一、我国古代的交通运输体系发展

我国古代的交通运输主要由道路交通和内河航运构成。由于生产力水平的限制，我国复杂的地理环境对我国古代交通运输体系有着较大的制约和限制。我国地势西高东低呈阶梯状，高山、高原都分布在中西部的第一、第二级阶梯，丘陵和平原主要分布在东部的第三级阶梯。我国多山地形对我国古代道路网络的发展产生了极大的影响。路网密集区主要分布于平原及地形平坦的盆地、高原面等城市集中地带。山岳地区的谷地、山口等便于通过的地带则往往发展成为陆路交通关键节点。受地势影响，我国的主要河流的流向多为自西向东，上流落差大、水流急，而中下游水流平缓。因此我国古代的内河航运主要在大型河流的中下游及其支流和流域中的湖泊中展开，东西方向的水运较为便利。而南北方向则主要依靠人工开挖运河以连接不同流域的航运。

我国道路交通体系发展最早，在西周时期全国的道路体系已形成初步格局。周天子的都城、诸侯的都城及更小规模的城市"邑"之间，已经有可以通行马车的路网相连。我国水运的发展也较早。到春秋战国时期，在利用天然河道的基础上，不少诸侯国已经开始开挖人工运河以拓展水路交通。春秋时期吴国修通的连接江淮的邗沟成为后来大运河南段的前身。

秦始皇统一六国后，颁布"车同轨"法令，并在都城与各郡之间修建驰道，首次形成了全国性的统一标准的道路系统。秦朝修建了沟通珠江、长江两大水系的灵渠，成为此后我国运河体系的重要部分。汉朝基本沿袭了秦朝由关中连接全国的道路交通体系，但在西南、西北和北方边疆地区有所拓展。自张骞出使西域以后，丝绸之路逐渐发展起来。

隋朝历朝较短，但在运河修建方面取得较大的成就。隋朝大运河沟通了钱塘江、长江、黄河及海河四大水系，将江南富饶地区与中原的政治中心和北方的边塞地区联系起来，成为南北运输的重要动脉。唐朝时全国已经形成了以大城市为核心的放射状干线路网。主要道路由两京长安和洛阳，以及主要城市太原、开封、扬州、成都等为起点向周围的若干城市辐射，有所谓"唐道八到"之称。唐朝时与边疆少数民族之间的交通得到很大的发展，主要有漠北的"参天可汗道"和青藏高原的"唐蕃古道"等。随着海上丝绸之路交流的扩大，广州、扬州等海上和内河联运的港口迅速发展起来。

元朝定都北京，建立起由华北平原向全国各省及西藏地区辐射的陆路交通干线，为明清乃至现代我国的道路交通体系奠定了基础。至清朝时，以北京为中心的道路体系被分为三等：北京通往各省的"官马大路"（也称"马路"），省会与重要城市间的"大路"及各个市镇间的"小路"。国家的道路系统已经基本完备。明清两朝在地理上呈现政治中心在北方而主要经济中心在江南地区的特征，对南北运输的需求大大增加。在原有大运河基础上重新修成京杭大运河使漕运成为供给北方政治中心的重要通道。

我国古代对外交通通道——丝绸之路与海上丝绸之路
丝绸之路

1877年德国地理学家李希霍芬在其《中国》一书中，首次将汉代中国与中亚、南亚之间的以丝绸贸易为主的交通线称为"丝绸之路"。其后，德国历史学家赫尔曼根据考古资料，进一步把丝绸之路延伸到了地中海西岸和小亚细亚半岛，确定了丝绸之路的基本内涵，即它是中国古代经由中亚通往南亚、西亚、北非及欧洲的陆路贸易交往通道。丝绸之路的基本走向形成于西汉时期。自公元前2世纪张骞出使西域后，经由河西走廊到西域诸国进而前往中亚的道路被建立起来，形成了丝绸之路在我国境内的基本轮廓。以后历代随着地理环境、政治和宗教等因素的变化，不断有新的支路被开通。丝绸之路东起我国的长安，由河西走廊经敦煌、玉门关，沿天山南麓至喀什，再通往伊朗及地中海沿岸，称为中路；出河西走廊，由敦煌向古阳关，沿昆仑山北麓，取道塔什库尔干，南到印度，西到西亚，称为南路；出河西走廊，经哈密，沿北疆的乌鲁木齐、伊宁通往里海沿岸，是为北路。东汉时期，丝绸之路的起点东延至洛阳。此外，由青藏高原经新疆连接丝绸之路的支线"麝香之路"（或称"食盐之路"）也是中原—西藏—中亚交通往来的重要道路。唐朝时，丝绸之路上的中西往来达到高峰。西域商品、文化及移民来到中国，使唐朝许多城市充满了开放的"胡风"。后因自然条件恶化、战乱与割据，丝绸之路的交通一度受阻。随着宋朝以后中国经济中心南移，陆上丝绸之路的地位逐渐被海上丝绸之路所取代。元朝时，丝绸交通得到一定的恢复，马可波罗经丝绸之路抵达中国游历。

丝绸之路开启了古代中外经济、文化交流的窗口。丝绸之路的开辟大大促进了东西方经济、文化、宗教、语言的交流与融合，对推动科学技术进步、文化传播、物种引进、各民族的交流以及人类文明的进步，做出了重要贡献。

海上丝绸之路

海上丝绸之路是古代中国与东南亚、南亚、西亚及非洲地区进行经济文化交流的海上通道。中国通过海上丝绸之路对外交流的起始时间应当很早，但有关海上丝绸之路航海的明确历史记载只能追溯到汉朝。据《汉书·地理志》粤地篇载，西汉时即有汉朝使者由雷州半岛乘中国船只出发，在远海转乘他国船只后最终抵达南印度。东汉时海上航线向西延伸到波斯湾一带，即东罗马帝国的东部。三国时吴国遣使到访了南海诸岛国。东晋时，由僧人法显归国的经历可以推断在中国与苏门答腊岛、爪哇岛一带已经有固定的外国商船往来。南北朝时，南洋的海上交通进一步发展，由广州至山东一带皆有外国船舶登岸的港口。唐朝时中国与印度洋之间已经实现直接通航，广州、交州、泉州、扬州已经发展成为重要的港口，其中广州设有市舶使主管商船与贸易。随着中国的经济中心逐渐南移，加之海运运量大、成本低的优势，海上丝绸之路便取代陆路成为中外贸易主通道。唐末至五代时期，中国的远洋船舶已经可以抵达波斯湾进行贸易。宋朝我国海上贸易有了明显的发展。在海上丝绸之路上，我国商船往来频繁，海商已经完全取代了过去的官方使臣和僧人，成为中外海上交流的主要角色。广州、泉州、杭州等多个港口设置有市舶司负责海上贸易税收。隋唐时通过海上丝绸之路向外输出的大宗商品主要是丝绸，到了宋朝逐渐转变为瓷器；输入的则是南亚、阿拉伯、非洲的各类物产及东南亚的香料。外商来华贸易而定居者也日渐增加，极大地促进了中外的经济、文化与宗教交流。元朝到明朝中叶海上丝绸之路发展到达鼎盛时期。元朝推行海外开放政策，民间海上贸易繁荣，中国商船遍布南海和印度洋的干线与支线，深入大小港口与岛屿。明朝实行民间禁海政策，但官方的朝贡贸易则把海上丝绸之路的航海活动推向了新的高峰。其航海技术之先进、船队规模之大皆在沿线其他国家之上，实现了"扬国威于海外"的目的，也极大地促进了中外的官方交流。然后，郑和下西洋的壮举却成为我国古代海上对外交流的绝唱。此后，我国对海上丝绸之路的经略随着明清两代的闭关禁海政策而式微。随着西方航海技术的进步，达·伽马开通欧洲到印度的航线，西方殖民者的船队取代了中国船队，成了海上丝绸之路的主角。

海上丝绸之路见证了中华民族探索海洋、发展海上交通的漫长历史，是连接中外的重要通道。海上丝绸之路把世界不同的文明连接起来，促进了中外经济往来，增进了文化交流，丰富了中国文化的内涵，对整个人类文明史产生了深远的影响。

资料来源：中国公路交通史编审委员会：《中国古代道路交通史》，人民交通出版社1994年版，第86-87页。

二、我国近现代交通运输体系发展

自清朝后期开始，随着西方科技革命的成果的进入及我国自身经济社会形态的变化，我国的交通体系发生革命性的变化。公路和铁路在原有道路的基础上发展起来，机械动力的船舶进入海运和内河航运体系。中国交通体系开始由传统模式向近代化和现代化的方向演进。在民国时期，我国的民用航空体系开始发展，全面的现代交通体系初步建立。

中国通行汽车的公路基本上是在原有道路上发展而来。民国期间，通行汽车的公路多数是为适应军事需要而修建。北洋政府期间，全国共建成公路2.96万公里，长江以北大部分省份公路里程增长较快。国民政府时期，公路建设的重心随着全国战争局势的发展而变化。国共内战时期，苏、浙、皖、闽、鄂、湘、赣，以及陕、甘等省份公路新增里程较快，到1937年公路总里程达到1.17万公里。抗日战争时期，新修公路主要是由重庆向整个西南地区辐射的省级公路和中缅、中越、中印、中苏等国际公路。1946年，国民政府制定了"四基五经六纬国道网"方案，但此计划未能完成。

中国的铁路出现比西方晚了半个多世纪。在近代中国的半殖民地半封建的大背景下，铁路一方面是推动我国的现代化发展的交通方式，另一方面也一度成为帝国主义列强控制中国的工具。截至1911年，由列强修建、清政府官办和各地民办等不同方式修建的铁路总里程达到9200余公里，东部主要省会城市之间已形成一定规模的铁路网。民国前期完成了粤汉、陇海及一些支线铁路的修建。而在抗日战争和解放战争时期,铁路时建时停,有很多路段又被战争所破坏。1949年我国铁路总里程为2.2万公里,而其中能够通车的仅有1.1万公里。

我国民用航空业的发展与世界相对同步,1910年北京的南苑修建了我国第一个机场。1920年第一条民用航线京津航线开通。自1930年后,国民政府先后成立了中国航空(与美国合办)、欧亚航空(与德国合办,后改名中央航空)、中苏航空(1948年停办)、西南航空(1947年停办)等航空公司,飞行国内国际航线。到1949年以前,我国用于航空运输的主要民航机场有36个,基本覆盖大部分省会城市。

三、中华人民共和国成立后我国的交通体系建设

中华人民共和国成立后,我国的交通网络发展取得了前所未有的巨大进步。全国逐步建立起了以铁路、公路干线、主要民航航线、长江和南北沿海海运为骨架的综合交通体系。

在中华人民共和国成立初期,国家主持建设的公路干线主要有康藏、青藏、新藏、青新、川黔、滇黔等西部少数民族地区公路干线,其他公路则由各地组织修建。截至1978年年底,全国公路通车里程达到88.33万公里。改革开放后,我国公路建设逐步进入干线与支线有机结合、投资机制多元化的阶段。1988年我国开始了高速公路建设,逐步形成了覆盖大中城市的高等级公路路网,国道建设完成"五纵七横"12条主干线的建设。另外,我国乡村公路建设也取得了较大成就,至"十一五"末全国农村公路乡镇通达率达到99.4%。

中华人民共和国建立时,我国铁路网东西分布不平衡。中华人民共和国成立初期,我国的铁路建设重点在中西部地区,先后建成成渝线、包兰线、兰新线、宝成线等铁路,使路网向西部延伸。20世纪60年代以后为配合"三线建设",中西部贵昆线、成昆线、京原线、湘黔线等相继建成。改革开放以后,提升东部经济发达地区铁路运力成为建设重点,大秦线、京九线、南昆线等新的干线铁路建成,部分已有线路完成复线和电气化改造。21世纪初,我国完成了青藏铁路的建设,结束了西

藏没有铁路的历史。铁路干线呈现京哈—京沪、京九、京广、焦柳、宝成—成昆、京包—包兰—兰西—青藏、兰新—陇海、贵昆—湘黔—浙赣"三横五纵"的整体格局。而新时期高速铁路的发展将我国的铁路引入了全新的发展阶段。

  1950年，中国民航总局成立，开展民用航空运输。改革开放以前，中国民航运输规模小，并不以普通民众为服务对象。改革开放后，由于中国经济持续稳定的发展，航空运输的社会需求急剧增长，极大地促进了航空运输业的发展，机场在各中心城市、旅游城市及西部内陆的城市展开。民航旅客构成多元化，私人出行比重不断提高，高时效性的货物运输也逐渐增加。中国航空向更加开放化、市场化、全球化的方向发展。

  水运方面，中华人民共和国建立后，我国内河航运里程经历了"上升—下降—平稳"的过程。1960年全国内河航道总里程达到17.4万公里，达到历史最高水平。之后因航道淤积、水量不足等原因，缩减至1979年的10.78万公里。改革开放后，随着航道综合治理水平的提升，航道总里程有所回升，并长年维持在12.3万公里左右。改革开放后，我国沿海港口发展迅速，我国已经成为世界海运大国。我国逐步建立了层次分明、功能齐全的港口体系，形成了环渤海、长江三角洲、东南沿海、珠江三角洲和西南沿海五个港口群，构建了油、煤、矿、箱、粮五大专业化港口运输系统，具备靠泊装卸超大吨位船舶的能力。

分报告2

进入21世纪以来我国综合交通体系发展的评价分析

一、交通基础设施取得的成就

（一）路网设施

当前，我国已经建立了较为完善的客、货运铁路、高速公路、国道、省道相结合的陆上交通网，干线与支线相结合的民用航空网，沿海航运与内河航运相结合的水上交通网，现代化的交通综合运输体系基本形成。

2013年，我国交通运输线路总里程（不含民航航线里程、海上运输线路和油气管道线路）达到458.5万公里，分别是2000年2.8倍和2005年1.3倍；交通运输路网密度达到47.8公里/百平方公里，分别是2000年2.8倍和2005年1.3倍，如表2-1所示。

表2-1 2000—2013年我国交通运输线路总里程、路网密度

年份	总里程/万公里	路网密度/ （公里/百平方公里）
2000	165.9	17.3
2001	196.0	20.4

续表

年份	总里程/万公里	路网密度/（公里/百平方公里）
2002	203.1	21.2
2003	208.0	21.7
2004	214.3	22.3
2005	361.9	37.7
2006	373.5	38.9
2007	386.3	40.2
2008	401.2	41.8
2009	415.6	43.3
2010	431.5	44.9
2011	432.4	45.0
2012	446.1	46.5
2013	458.5	47.8

数据来源：相关年度《中国统计年鉴》。

1. 铁路

随着铁路建设进程的加快、网络的完善及等级的提高，铁路在综合交通网中的骨干地位日益突出。"十二五"时期，铁路客运专线、区际干线及西部铁路大规模开工建设。"四横四纵"高速铁路网中的京沪、京广、哈大、郑西等干线和京津、长三角、珠三角区域的城际铁路都已投入运营，极大地缩短了不同区域之间、区域内不同城市之间的空间距离，在很大程度上重塑了中国的交通运输体系。2014年开通的中欧铁路连通了中国与中亚、西亚、欧洲，进一步贯通了欧亚大陆桥，成为"丝绸之路"在当代的延续。

2013年，我国铁路营业里程达到10.3万公里，高速铁路运营里程达到1.1万公里，居世界第一位；路网密度达到1.07公里/百平方公里，2013年分别是2000年1.5倍和2005年1.4倍，如表2-2所示。

表2-2 2000—2013年我国铁路营业里程与路网密度

年份	铁路营业里程/万公里	路网密度/（公里/百平方公里）
2000	6.9	0.72
2001	7.0	0.73
2002	7.2	0.75
2003	7.3	0.76
2004	7.4	0.78
2005	7.5	0.79
2006	7.7	0.80
2007	7.8	0.81
2008	8.0	0.83
2009	8.6	0.89
2010	9.1	0.95
2011	9.3	0.97
2012	9.8	1.02
2013	10.3	1.07

数据来源：《中国交通年鉴2014年》。

2. 公路

在综合交通运输网络框架中，公路网络规模最大、覆盖范围最广、通达程度最高。我国正在构建以国家高速公路为骨干，以普通公路为基础的覆盖全国的公路网络。目前，国家高速公路"7918"路网整体格局已经形成。除部分区段外，7条首都放射线（北京—上海、北京—台北、北京—港澳、北京—昆明、北京—拉萨、北京—乌鲁木齐、北京—哈尔滨）、9条纵向线路（鹤岗—大连、沈阳—海口、长春—深圳、济南—广州、大庆—广州、二连浩特—广州、包头—茂名、兰州—海口、重庆—昆明）、18条横向线路（绥芬河—满州里、珲春—乌兰浩特、丹东—锡林浩特、荣成—乌海、青岛—银川、青岛—兰州、连云港—霍尔果斯、南京—洛阳、上海—西安、上海—成都、上海—重庆、杭州—瑞丽、上海—昆明、福州—银川、泉州—南宁、厦门—成都、汕头—昆明、广州—昆明），以及若干区域环线和联络线已经建成，形成了全国性的高速公路网络。

2013年，我国公路总里程达到435.6万公里，居世界第1位，公路网密度达到45.38公里/百平方公里，2013年分别是2000年3.1倍和2005年1.3倍，如表2-3所示。

表2-3 2000—2013年我国公路总里程与路网密度

年份	公路总里程/万公里	路网密度/ （公里/百平方公里）
2000	140.3	14.61
2001	169.8	17.69
2002	176.5	18.39
2003	181.0	18.85
2004	187.1	19.49
2005	334.5	34.85
2006	345.7	36.01
2007	358.4	37.33
2008	373.0	38.86
2009	386.1	40.22
2010	400.8	41.75
2011	410.6	42.78
2012	423.8	44.14
2013	435.6	45.38

数据来源：相关年度《中国统计年鉴》。

3. 内河航道

我国内河水运主要涉及22个省（自治区、直辖市），以长江、珠江等水系和京杭运河为主体的内河水运格局基本形成，"两横一纵两网十八线"的高等级航道网络框架建设快速推进，对沿江产业布局与发展发挥重要的引导、支撑作用。2013年，我国内河航道通航里程12.6万公里，居世界第1位；内河航道路网密度达到1.31公里/百平方公里，分别是2000年1.06倍和2005年1.02倍，如表2-4和图2-1所示。

表2-4 2000—2013年我国内河航道通航里程与路网密度

年份	内河航道通航里程/万公里	路网密度/（公里/百平方公里）
2000	11.9	1.24
2001	12.2	1.27
2002	12.2	1.27
2003	12.4	1.29
2004	12.3	1.28
2005	12.3	1.28
2006	12.3	1.29
2007	12.4	1.29
2008	12.3	1.28
2009	12.4	1.29
2010	12.4	1.29
2011	12.5	1.30
2012	12.5	1.30
2013	12.6	1.31

数据来源：《中国交通年鉴2014年》。

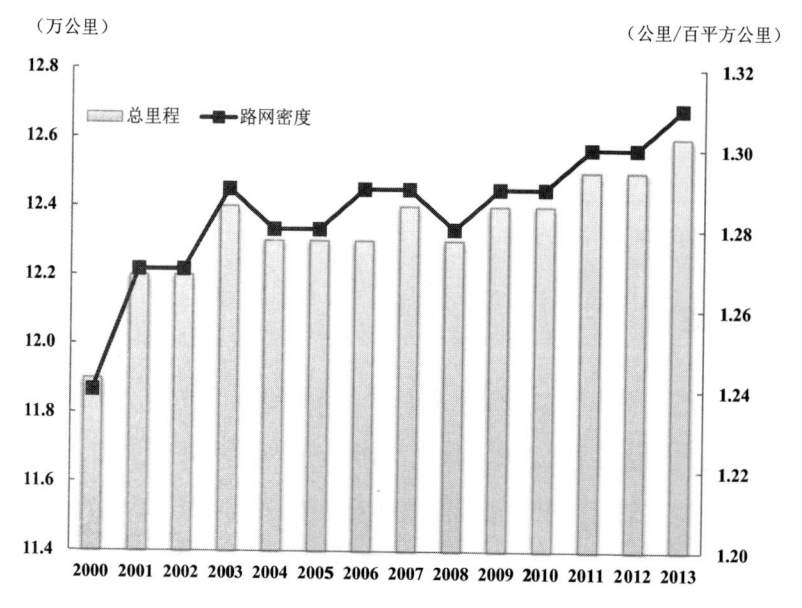

图2-1 2000—2013年我国内河航道通航里程与路网密度

数据来源：《中国交通年鉴2014年》。

4. 民航

目前我国在长三角、珠三角、京津冀等城市群出现了机场服务密集区，形成了以"北京—上海—广州（深圳）"为中心、区域性枢纽机场为骨干、其他城市支线机场相配合的民航机场分布基本格局。我国国内民航航线集中分布于哈尔滨—北京—西安—成都—昆明一线以东的区域，以北京、上海、广州的三角地带最为密集。整体上看，航线密度由东向西逐渐减小。主要航线多呈南北向分布，在此基础上，又有部分航线从沿海向内陆延伸，呈东西向分布。

截至2013年年末，我国共有在航的民用运输机场193个，其中西部地区有98个，占全国总数的50.8%，东部地区、中部地区和东北地区各有48个、27个、20个，占全国总数的24.9%、14.0%和10.3%。航空运输对于西部偏远地区交通的支持作用较大，截至2013年年末，我国共有定期航班航线2876条，其中国内航线2449条，国际航线427条，航线里程达410.6万公里，航线密度达到42.77公里/百平方公里，分别是2000年2.7倍和2005年2.1倍，如表2-5和图2-2所示。其中，国际航线里程150.3万公里，与115个国家或地区签订有双边航空运输协定。

表2-5　2000—2012年我国民用航空里程与路网密度

年份	民用航空总里程/万公里	民航路网密度/（公里/百平方公里）
2000	150.3	15.7
2001	155.4	16.2
2002	163.8	17.1
2003	175.0	18.2
2004	204.9	21.3
2005	199.9	20.8
2006	211.4	22.0
2007	234.3	24.4
2008	246.2	25.6
2009	234.5	24.4

续表

年份	民用航空总里程/万公里	民航路网密度/（公里/百平方公里）
2010	276.5	28.8
2011	349.1	36.4
2012	328.0	34.2

数据来源：相关年度的《中国统计年鉴》。

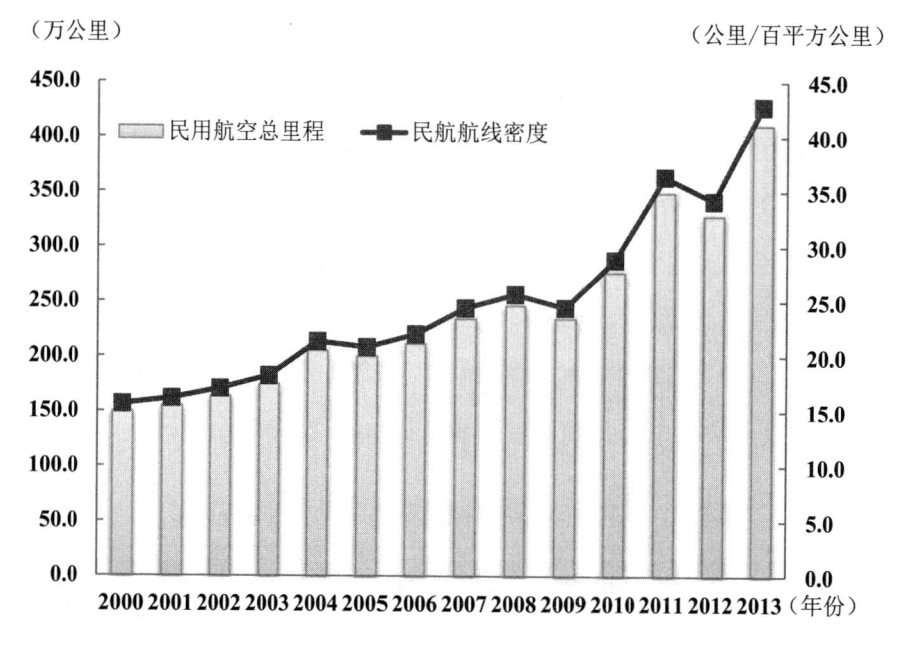

图2-2 2000—2013年我国民用航空里程与路网密度

资料来源：相关年度的《中国统计年鉴》。

（二）枢纽设施

1. 港口

我国水运体系大体呈现沿海与长江相结合的T字形布局。截至2013年年末，全国港口拥有生产用码头泊位31760个，其中，沿海港口生产用码头泊位5675个；内河港口生产用码头泊位26085个。全国港口拥有万吨级及以上泊位2001个，比上年年末增加115个。其中,沿海港口万吨级及以上泊位1607个,增加90个;内河港口万吨级及以上泊位394个,增加25个。2013年,全国万吨级及以上泊位中,专业化泊位1062个,通用散货泊位414个,通用件杂货泊位345个。天津、上海、宁波—舟山等港区万吨级泊位较为集中,如表2-6和表2-7所示。

表2-6　2013年全国港口万吨级及以上泊位

单位:个

泊位吨级	全国港口	比上年年末增加	沿海港口	比上年年末增加	内河港口	比上年年末增加
合计	2001	115	1607	90	394	25
1万~3万吨级（不含3万吨）	736	4	567	3	169	1
3万~5万吨级（不含5万吨）	356	21	254	22	102	−1
5万~10万吨级（不含10万吨）	648	67	532	43	116	24
10万吨级以上	261	23	254	22	7	1

表2-7　全国万吨级及以上泊位构成

单位:个

泊位用途	2013年	2012年	比上年增加
专业化泊位	1062	997	65
集装箱泊位	321	309	12
煤炭泊位	206	189	17
金属矿石泊位	61	60	1
原油泊位	68	68	0
成品油泊位	124	114	10
液体化工泊位	157	141	16
散装粮食泊位	36	34	2
通用散货泊位	414	379	35
通用件杂货泊位	345	340	5

2. 机场

截至 2013 年年末，我国共有颁证运输机场 193 个，机场密度达到 0.201 个/万平方公里，分别是 2000 年 1.6 倍和 2005 年 1.4 倍，如表 2-8 和图 2-3 所示，其中西部地区有 98 个，占全国总数的 50.8%，东部地区、中部地区和东北地区各有 48 个、27 个、20 个，占全国总数的 24.9%、14.0% 和 10.4%。航空运输对于西部偏远地区交通的支持作用较大。

在长三角、珠三角、京津冀等城市群出现了机场服务密集区，形成了以"北京—上海—广州（深圳）"为枢纽的航线体系。

表2-8　2000—2013年我国机场数量与机场密度

年份	机场数量/个	机场密度/（个/万平方公里）
2000	120	0.125
2001	129	0.134
2002	126	0.131
2003	127	0.132
2004	132	0.138
2005	142	0.148
2006	147	0.153
2007	148	0.154
2008	158	0.165
2009	166	0.173
2010	175	0.182
2011	180	0.188
2012	183	0.191
2013	193	0.201

数据来源：相关年度《民航行业发展统计公报》。

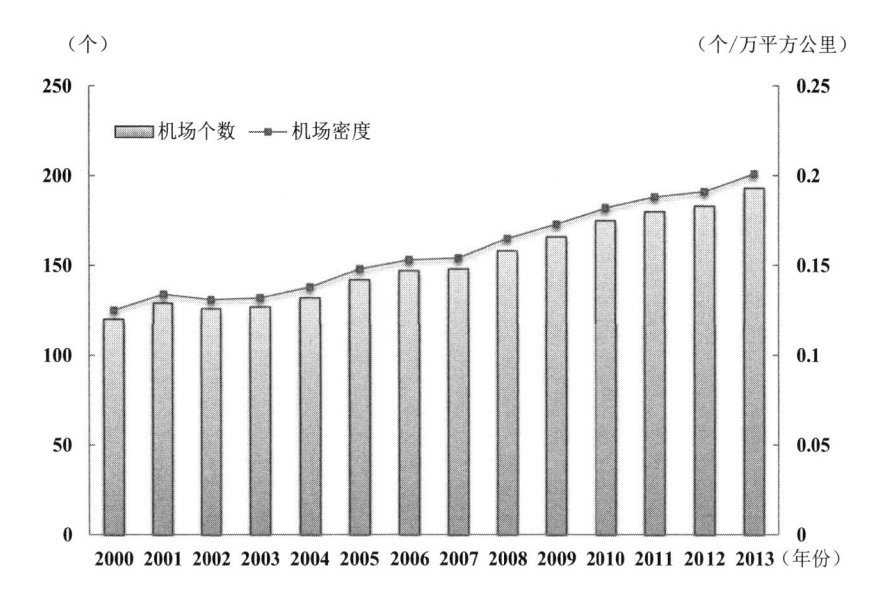

图2-3　2000—2013年我国机场数量与机场密度

数据来源：相关年度《民航行业发展统计公报》。

3. 铁路站场

截至2012年年底，我国铁路客运站约2117个（不包含新建的高铁站）。目前，多种运输方式有效衔接的六大铁路枢纽客运中心（北京、上海、广州、武汉、西安、成都）、十大区域性客运中心（哈尔滨、沈阳、济南、郑州、南昌、福州、昆明、南宁、兰州、乌鲁木齐）和18个集装箱中心站（北京、上海、广州、深圳、天津、哈尔滨、沈阳、青岛、成都、重庆、西安、郑州、武汉、大连、宁波、昆明、兰州、乌鲁木齐）建设正在快速推进，北京南站、上海南站、广州南站等一大批现代化、高标准、一体化的铁路客运枢纽以及上海、重庆等多个铁路集装箱中心站投入运营。

二、交通运输服务评价取得成就

进入21世纪以来，我国交通运输服务能力大幅度提升，完成的客货运输量逐年增加。2013年[①]，我国全社会完成客运量（含公路、铁路、水运和民航）212.30亿人、旅客周转量27571.7亿人公里；货运量409.89亿吨、货物周转量168013.8亿吨公里。2000—2013年我国客运量年均增长率7.86%、旅客周转量年均增长率8.07%、货运量年均增长率9.35%、货物周转量年均增长率11.37%，如图2-4和图2-5所示。

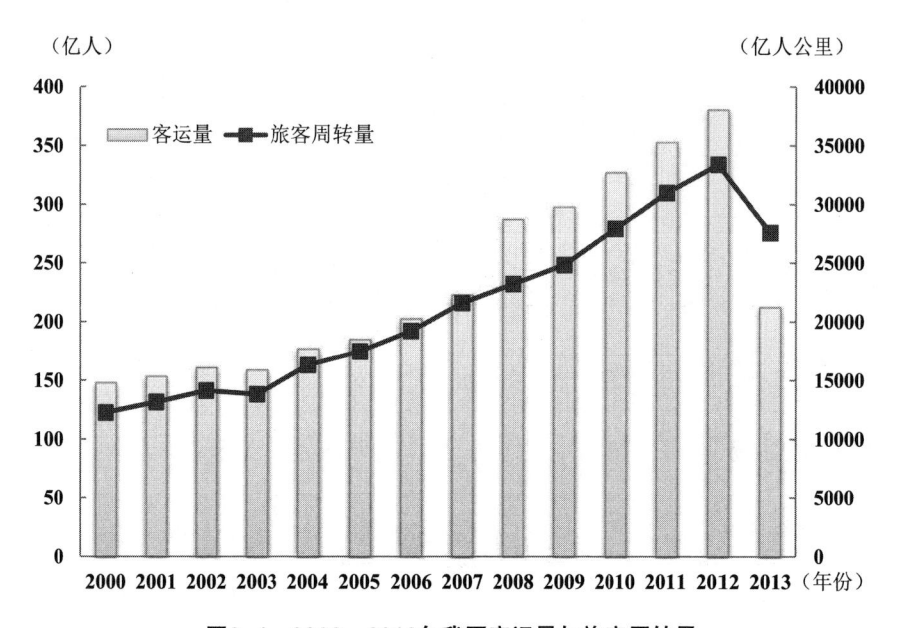

图2-4 2000—2013年我国客运量与旅客周转量

数据来源：相关年度《中国统计年鉴》。

[①] 2013年公路水路客货运输数据，源自2013年交通运输业经济统计专项调查，统计范围口径有所调整。按可比口径计算，2013年公路客运量、旅客周转量、货运量、货物周转量比上年分别增长4.2%、1.0%、10.9%和11.2%。水运客运量、旅客周转量、货运量、货物周转量比上年分别增长3.0%、2.9%、10.4%和4.8%。

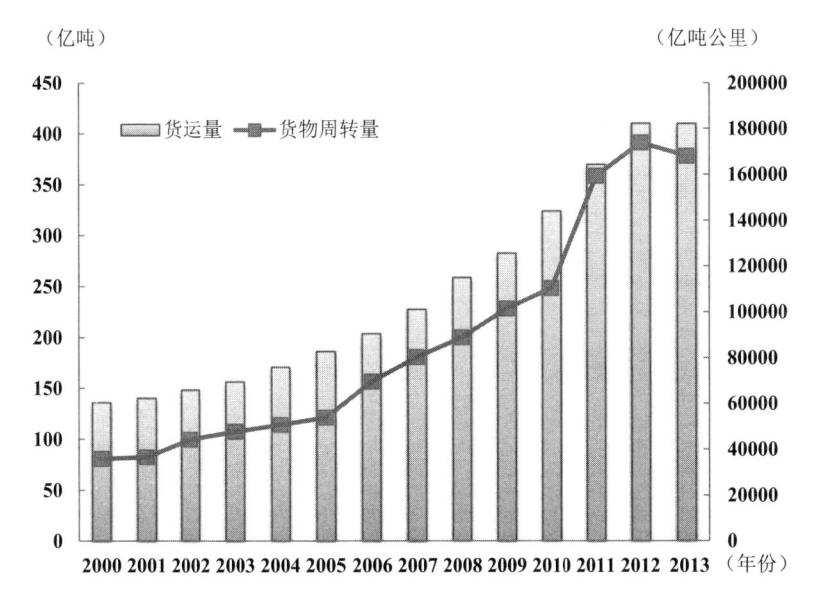

图2-5　2000—2013年我国货运量与货物周转量

数据来源：相关年度《中国统计年鉴》。

（一）铁路

我国铁路完成客运量 21.06 亿人、旅客周转量 10595.6 亿人公里；货运量 39.67 亿吨、货物周转量 29173.9 亿吨公里。

2000—2013 年我国铁路客运量年均增长率 5.49%、旅客周转量年均增长率 6.75%、货运量年均增长率 6.33%、货物周转量年均增长率 5.94%，2000—2013 年我国铁路服务规模，如表 2-9 所示。

表2-9　2000—2013年我国铁路服务规模

年份	客运量/亿人	旅客周转量/亿人公里	货运量/亿吨	货物周转量/亿吨公里
2000	10.51	4532.6	17.86	13770.5
2001	10.52	4766.8	19.32	14694.1
2002	10.56	4969.4	20.50	15658.4
2003	9.73	4788.6	22.42	17246.7

续表

年份	客运量/亿人	旅客周转量/亿人公里	货运量/亿吨	货物周转量/亿吨公里
2004	11.18	5712.2	24.90	19288.8
2005	11.56	6062.0	26.93	20726.0
2006	12.57	6622.1	28.82	21954.4
2007	13.57	7216.3	31.42	23797.0
2008	14.62	7778.6	33.04	25106.3
2009	15.25	7878.9	33.33	25239.2
2010	16.76	8762.2	36.43	27644.1
2011	18.62	9612.3	39.33	29465.8
2012	18.93	9812.3	39.04	29187.1
2013	21.06	10595.6	39.67	29173.9

数据来源：《中国统计年鉴2014》及相关年度《中国交通年鉴》。

2000—2013年我国铁路客运量与旅客周转量，如图2-6所示。

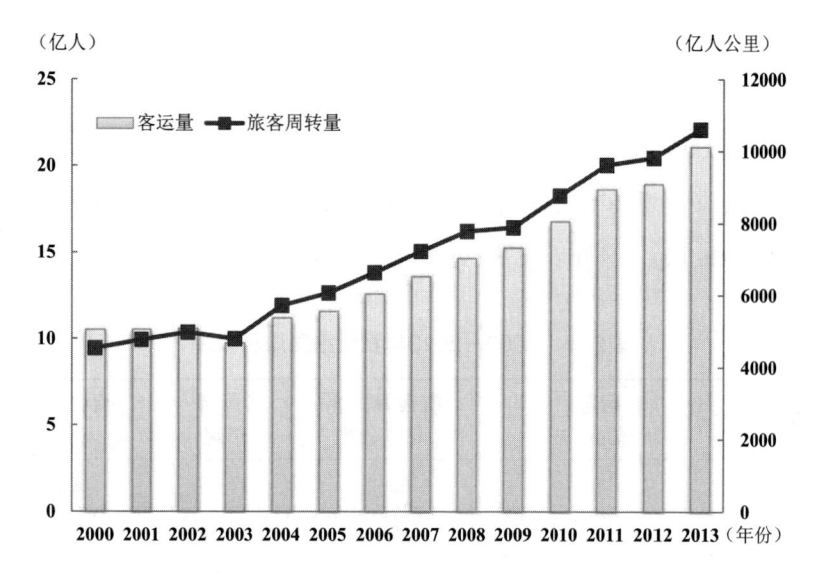

图2-6　2000—2013年我国铁路客运量与旅客周转量

数据来源：相关年度《中国统计年鉴》。

2000—2013年我国铁路货运量与货物周转量，如图2-7所示。

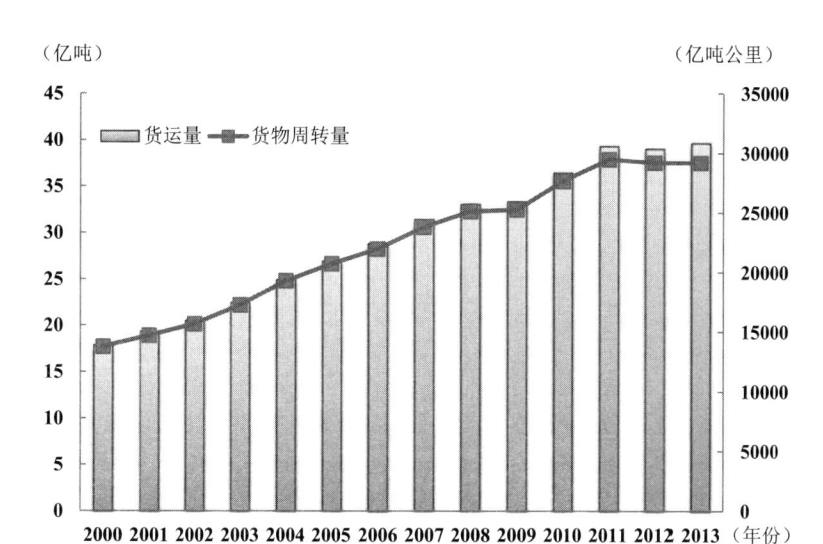

图2-7　2000—2013年我国铁路货运量与货物周转量

数据来源：相关年度《中国统计年鉴》。

（二）公路

我国公路完成客运量185.35亿人、旅客周转量11250.9亿人公里；货运量307.66亿吨、货物周转量55738.1亿吨公里。

2000—2013年我国公路客运量年均增长率8.09%、旅客周转量年均增长率8.25%、货运量年均增长率9.88%、货物周转量年均增长率20.09%。2000—2013年我国公路服务规模，如表2-10所示。

表2-10　2000—2013年我国公路服务规模

年份	旅客客运量/亿人	旅客周转量/亿人公里	货运量/亿吨	货物周转量/亿吨公里
2000	134.74	6657.4	103.88	6129.4
2001	140.28	7207.1	105.63	6330.4
2002	147.53	7805.8	111.63	6782.5

续表

年份	旅客客运量/亿人	旅客周转量/亿人公里	货运量/亿吨	货物周转量/亿吨公里
2003	146.43	7695.6	116.00	7099.5
2004	162.45	8748.4	124.50	7840.9
2005	169.74	9292.1	134.18	8693.2
2006	186.05	10130.8	146.63	9754.2
2007	205.07	11506.8	163.94	11354.7
2008	268.21	12476.1	191.68	32868.2
2009	277.91	13511.4	212.78	37188.8
2010	305.27	15020.8	244.81	43389.7
2011	328.62	16760.2	282.01	51374.7
2012	355.70	18467.5	318.85	59534.9
2013	185.35	11250.9	307.66	55738.1

数据来源：《中国统计年鉴 2014》及相关年度《中国交通年鉴》。

2000—2013 年我国公路客运量与旅客周转量，如图 2-8 所示。

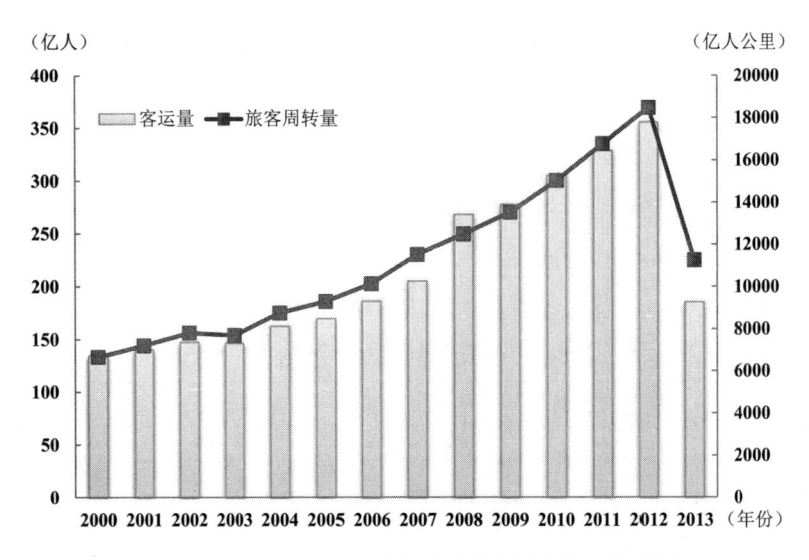

图2-8　2000—2013年我国公路客运量与旅客周转量

数据来源：相关年度《中国统计年鉴》。

2000—2013年我国公路货运量与货物周转量，如图2-9所示。

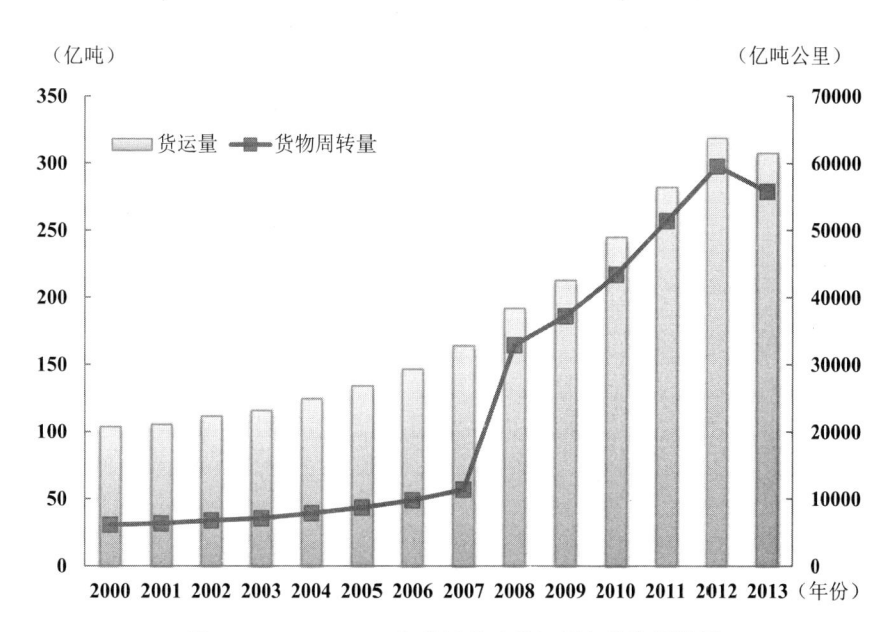

图2-9　2000—2013年我国公路货运量与货物周转量

数据来源：相关年度《中国统计年鉴》。

2013年公路客货运输数据，源自2013年交通运输业经济统计专项调查，统计范围口径有所调整。按可比口径计算，2013年公路客运量、旅客周转量、货运量、货物周转量比上年分别增长4.2%、1.0%、10.9%和11.2%。

（三）水运

2013年，我国水运完成客运量2.35亿人、旅客周转量68.3亿人公里；货运量55.98亿吨、货物周转量79435.7亿吨公里。

2000—2013年我国水运旅客周转量年均增长率2.44%、旅客周转量年均增长率−1.77%、货运量年均增长率11.54%、货物周转量年均增长率10.37%，如2000—2013年我国水运服务规模，如表2-11所示。

表2-11　2000—2013年我国水运服务规模

年份	旅客客运量/亿人	旅客周转量/亿人公里	货运量/亿吨	货物周转量/亿吨公里
2000	1.94	100.5	12.24	23734.2
2001	1.86	89.9	13.27	25988.9
2002	1.87	81.8	14.18	27510.6
2003	1.71	63.1	15.81	28715.8
2004	1.90	66.3	18.74	41428.7
2005	2.02	67.8	21.96	49672.3
2006	2.20	73.6	24.87	55485.7
2007	2.28	77.8	28.12	64284.8
2008	2.03	59.2	29.45	50262.7
2009	2.23	69.4	31.90	57556.7
2010	2.24	72.3	37.89	68427.5
2011	2.46	74.5	42.60	75423.8
2012	2.58	77.5	45.87	81707.6
2013	2.35	68.3	55.98	79435.7

数据来源：《中国统计年鉴2014》及相关年度《中国交通年鉴》。

2000—2013年我国水运客运量与旅客周转量，如图2-10所示。

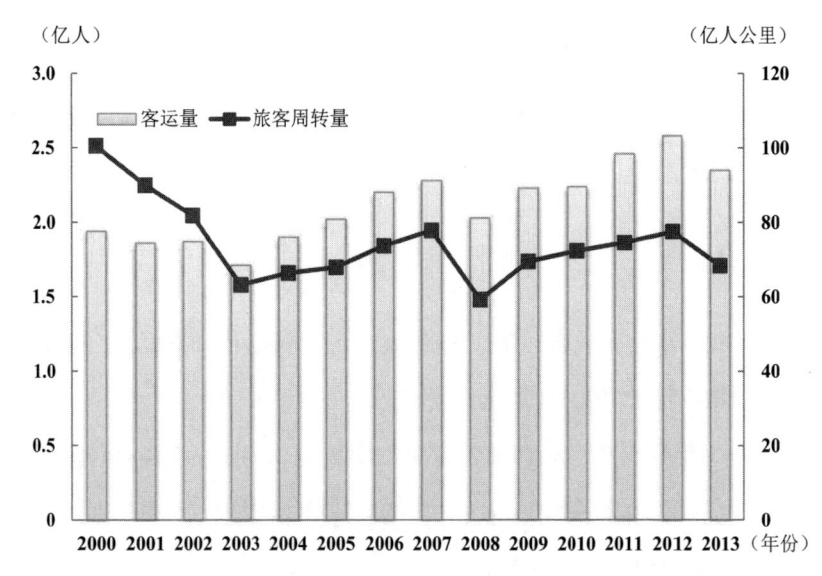

图2-10　2000—2013年我国水运客运量与旅客周转量

数据来源：相关年度《中国统计年鉴》。

2000—2013年我国水运货运量与货物周转量，如图2-11所示。

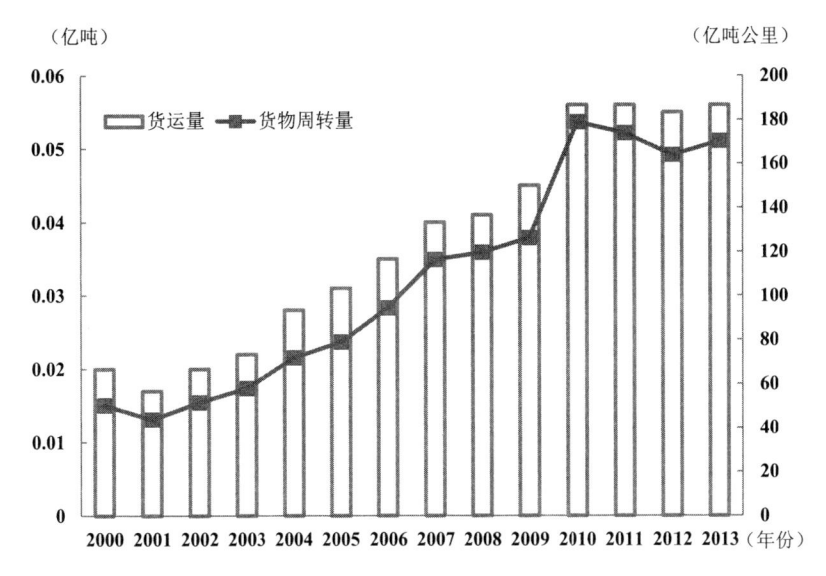

图2-11　2000—2013年我国水运货运量与货物周转量

数据来源：相关年度《中国统计年鉴》。

2013年水路客货运输数据，源自2013年交通运输业经济统计专项调查，统计范围口径有所调整。按可比口径计算，2013年水运客运量、旅客周转量、货运量、货物周转量比上年分别增长3.0%、2.9%、10.4%和4.8%。

（四）民航

我国民航完成客运量3.54亿人、旅客周转量5656.8亿人公里；货运量0.056亿吨、货物周转量170.29亿吨公里。

2000—2013年我国民航客运量年均增长率13.63%、旅客周转量年均增长率14.52%、货运量年均增长率8.40%、货物周转量年均增长率9.84%。

2000—2013年我国民航服务规模，如表2-12所示。

表2-12　2000—2013年我国民航服务规模

年份	旅客客运量/亿人	旅客周转量/亿人公里	货运量/亿吨	货物周转量/亿吨公里
2000	0.67	970.5	0.020	50.27
2001	0.75	1091.4	0.017	43.72
2002	0.86	1268.7	0.020	51.55
2003	0.88	1263.2	0.022	57.90
2004	1.21	1782.3	0.028	71.80
2005	1.38	2044.9	0.031	78.90
2006	1.60	2370.7	0.035	94.28
2007	1.86	2791.7	0.040	116.39
2008	1.93	2882.8	0.041	119.60
2009	2.31	3375.2	0.045	126.23
2010	2.68	4039.0	0.056	178.90
2011	2.93	4537.0	0.056	173.91
2012	3.19	5025.7	0.055	163.89
2013	3.54	5656.8	0.056	170.29

数据来源：《中国统计年鉴2014》及相关年度《中国交通年鉴》。

2000—2013年我国民航客运量与旅客周转量，如图2-12所示。

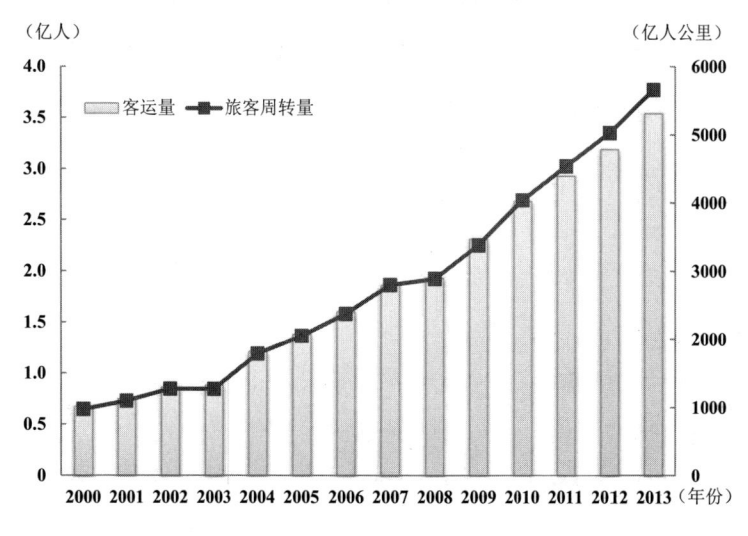

图2-12　2000—2013年我国民航客运量与旅客周转量

数据来源：相关年度《中国统计年鉴》。

2000—2013年我国民航货运量与货物周转量，如图2-13所示。

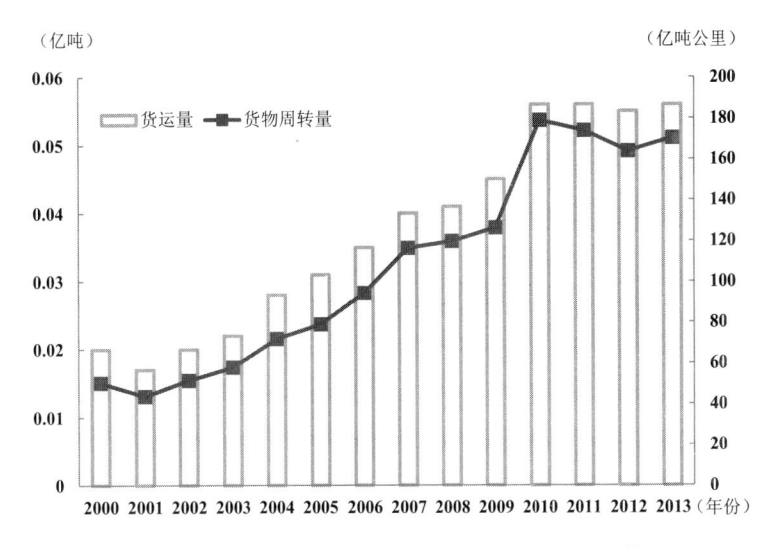

图2-13　2000—2013年我国民航货运量与货物周转量

数据来源：相关年度《中国统计年鉴》。

分报告3

我国综合交通发展格局演变：基于胡焕庸线测算分析

根据数据可得性（《中国统计年鉴2014》，2013年民航机场吞吐量排名），本书采取近似方式，将西藏、新疆、青海、甘肃、内蒙古、宁夏六省份划入胡焕庸线以西地区，以下称为"西北壁"，其余省份划入胡焕庸线以东地区（港澳台除外），以下称为"东南壁"。

根据计算结果，六省份土地约为54.5%，人口占比约为6.6%，GDP占比约为5.9%。由于统计结果在可接受范围内，本书认为采取近似计算可行，如表3-1所示。

表3-1　2013年胡焕庸线交通分布之东西比重差异

地区	面积	人口	GDP	旅客客运量	旅客周转量	货运量	货物周转量
东南壁	45.5%	93.4%	94.1%	94.6%	92.1%	91.6%	93.1%
西北壁	54.5%	6.6%	5.9%	5.4%	7.9%	8.4%	6.9%

一、我国综合交通运输基础设施发展格局分析

（一）总体情况

按照胡焕庸线的划分来看，2013年，东南壁交通运输线路里程达到391.9万公

里，占交通运输线路总里程的 85.5%；而西北壁交通运输线路里程仅为 66.6 万公里，占交通运输线路总里程的 14.5%，两者之比为 5.9 倍。

从动态角度来看，东南壁与西北壁交通运输线路里程绝对差距由 2000 年的 116.3 万公里扩大到 2013 年的 325.4 万公里，相对差距由 2000 年的 6.6 倍缩小到 2013 年的 5.9 倍。

2013 年，东南壁路网密度达到 90.73 公里/百平方公里，而西北壁路网密度仅为 12.83 公里/百平方公里，两者之比为 7.1 倍。

从动态角度来看，东南壁与西北壁路网密度绝对差距由 2000 年的 27.7 万公里扩大到 2013 年的 77.9 万公里，相对差距由 2000 年的 7.9 倍缩小到 2013 年的 7.1 倍。

（二）分项情况

1. 铁路

按照胡焕庸线的划分来看，2013 年，东南壁铁路营业里程达到 8.2 万公里，占线路总里程的 79.4%；而西北壁铁路营业里程仅为 2.1 万公里，占线路总里程的 20.6%，两者之比为 3.9 倍。

从动态角度来看，东南壁与西北壁铁路营业里程绝对差距由 2000 年的 3.6 万公里扩大到 2013 年的 6.1 万公里，相对差距由 2000 年的 4.1 倍缩小到 2013 年的 3.9 倍。

2013 年，东南壁铁路路网密度达到 1.9 公里/百平方公里，而西北壁铁路路网密度仅为 0.41 公里/百平方公里，两者之比为 4.6 倍。

从动态角度来看，东南壁与西北壁铁路路网密度绝对差距由 2000 年的 0.9 万公里扩大到 2013 年的 1.5 万公里，相对差距由 2000 年的 5.0 倍缩小到 2013 年的 4.6 倍。

2. 公路

按照胡焕庸线的划分来看，2013 年，东南壁公路里程达到 371.6 万公里，占公路总里程的 85.3%；而西北壁公路里程达到 64.1 万公里，占公路总里程的 14.7 %，两者之比为 5.8 倍。

从动态角度来看，东南壁与西北壁公路里程绝对差距由 2000 年的 101.7 万公里缩小到 2013 年的 307.5 万公里，相对差距由 2000 年的 6.3 倍缩小到 2013 年的 5.8 倍。

东南壁公路路网密度达到 86.01 公里 / 百平方公里，而西北壁公路路网密度仅为 12.34 公里 / 百平方公里，两者之比为 7 倍。

从动态角度来看，东南壁与西北壁公路路网密度绝对差距由 2000 年的 24.3 万公里扩大到 2013 年的 73.7 万公里，相对差距由 2000 年的 7.5 倍缩小到 2013 年的 7 倍。

3. 内河航道

按照胡焕庸线的划分来看，2013 年，东南壁内河航道通航里程达到 12.2 万公里，占内河航道通航总里程的 96.8%；而西北壁内河航道通航里程仅为 0.4 公里，占内河航道通航总里程的 3.2%，两者之比达到 29.9 倍。

从动态角度来看，东南壁与西北壁内河航道通航里程绝对差距由 2000 年的 11 万公里扩大到 2013 年的 11.8 万公里，相对差距由 2000 年的 34.9 倍缩小到 2013 年的 29.9 倍。

2013 年，东南壁内河航道路网密度达到 2.82 公里 / 百平方公里，西北壁内河航道路网密度仅为 0.08 公里 / 百平方公里，两者之比为 35.9 倍。

从动态角度来看，东南壁与西北壁内河航道路网密度绝对差距由 2000 年的 2.6 万公里扩大到 2013 年的 2.7 万公里，相对差距由 2000 年的 42 倍缩小到 2013 年的 35.9 倍。

二、我国综合交通运输服务发展格局分析

（一）交通运输客运量

1. 总体情况

按照胡焕庸线的划分来看，2013年，东南壁完成客运量197.5亿人，西北壁完成客运量11.3亿人，两者之比为17.5倍。从动态角度来看，东南壁与西北壁客运量绝对差距由2000年的135.2亿人扩大到2013年的186.2亿人，相对差距由2000年的23.5倍缩小到2013年的17.5倍。

2013年，东南壁旅客周转量为20173.9亿人公里，西北壁为1741.0亿人公里，两者之比分别11.6倍。旅客周转量绝对差距由2000年的9892.9亿人公里扩大到2013年的18432.8亿人公里，相对差距由2000年的15.2倍缩小到2013年的11.6倍。

2. 铁路

按照胡焕庸线的划分来看，2013年，东南壁完成铁路客运量20.0亿人，西北壁完成铁路客运量1.1亿人，两者之比为18.2倍。从动态角度来看，东南壁与西北壁铁路客运量绝对差距由2000年的9.3亿人扩大到2013年的18.9亿人，相对差距由2000年的16.4倍扩大到2013年的18.6倍。

2013年，铁路旅客周转量9689.7亿人公里，西北壁旅客周转量905.9亿人公里，两者之比为10.7倍。铁路旅客周转量绝对差距由2000年的3831.3亿人公里扩大到2013年的8783.7亿人公里，相对差距由2000年的11.9倍缩小到2013年的10.7倍。

3. 公路

按照胡焕庸线的划分来看，2013年，东南壁完成公路客运量175.2亿人，西北壁完成公路客运量10.1亿人，两者之比为17.3倍。从动态角度来看，东南壁与西北

壁公路客运量绝对差距由2000年的124.0亿人扩大到2013年的165.1亿人，相对差距由2000年的24.0倍缩小到2013年的17.3倍。

2013年，东南壁公路旅客周转量10416.2亿人公里，旅客周转量834.8亿人公里，两者之比为14.5倍。公路旅客周转量绝对差距由2000年的5961.4亿人公里扩大到2013年的9581.4亿人公里，相对差距由2000年的18.1倍缩小到2013年的12.5倍。

（二）交通运输货运量

1. 总体情况

2013年，东南壁完成货运量367.7亿吨，西北壁完成货运量33.9亿吨，两者之比为10.8倍。从动态角度来看，东南壁与西北壁货运量绝对差距由2000年的113.2亿吨扩大到2013年的333.7亿吨，相对差距由2000年的12.1倍缩小到2013年的10.8倍。

2013年，东南壁货物周转量136268.9亿吨公里，西北壁货物周转量10049.1亿吨公里，两者之比为13.6倍。货物周转量绝对差距由2000年的34955.3亿吨公里扩大到2013年的126219.8亿吨公里，相对差距由2000年的15.9倍缩小到2013年的13.6倍。

2. 铁路

2013年，东南壁完成铁路货运量30.3亿吨，西北壁完成铁路货运量9.3亿吨，两者之比为3.2倍。从动态角度来看，东南壁与西北壁铁路货运量绝对差距由2000年的13.9亿吨扩大到2013年的21.0亿吨，相对差距由2000年的8.2倍缩小到2013年的3.2倍。

2013年，东南壁铁路货物周转量23388.6亿吨公里，西北壁铁路货物周转量5643.0亿吨公里，两者之比为4.1倍。从动态角度来看，铁路货物周转量绝对差距由

2000 年的 10422.3 亿吨公里扩大到 2013 年的 17745.6 亿吨公里，相对差距由 2000 年的 7.0 倍缩小到 2013 年的 4.1 倍。

3. 公路

2013 年，东南壁完成公路货运量 283.1 亿吨，西北壁完成公路货运量 24.6 亿吨，两者之比为 11.5 倍。从动态角度来看，东南壁与西北壁公路货运量绝对差距由 2000 年的 87.4 亿吨扩大到 2013 年的 258.5 亿吨，相对差距由 2000 年的 11.6 倍缩小到 2013 年的 11.5 倍。

2013 年，东南壁公路货物周转量 51332.0 亿吨公里，西北壁公路货物周转量 4406.1 亿吨公里，两者之比为 11.7 倍。从动态角度来看，公路货物周转量绝对差距由 2000 年的 4918.4 亿吨公里扩大到 2013 年的 46925.9 亿吨公里，相对差距由 2000 年的 9.1 倍缩小到 2013 年的 11.7 倍。

三、本章小结

第一，无论是交通运输基础设施，还是交通运输服务，我国综合交通发展呈现较强"东南壁——西北壁"的发展格局，与胡焕庸线的基本规律相符合。在东南壁中，以上海为龙头的长三角、以广州为龙头的珠三角、以北京为龙头的京津冀城市群的综合交通体系发展更为通达、便利；在西北壁中，各省市区综合交通体系正在不断完善中。

第二，交通运输在促进区域发展协调中扮演着极其重要的作用。根据测算，在选取的交通基础设施与交通运输的指标上，大体上，东南壁与西北壁的发展相对差距正在逐渐缩小，这一方面得益于在西部大开发、主体功能区等国家战略下交通运输基础设施投资对于缩小地区间经济差距具有较为显著的促进作用。

分报告4

国际比较与借鉴[①]

一、基本情况

2010年，我国土地面积约为960万平方公里，人口密度为141人/平方公里；东南壁土地面积约432.13万平方公里，人口密度为291.5人/平方公里；西北壁土地面积约518.56万平方公里，人口密度为17.02人/平方公里。

从土地面积（单位：万平方公里）来看，如表4-1所示，我国（960）国土面积位列世界第四，仅次于俄罗斯（1709.8）、加拿大（998.5）与美国（983.2）相当，而东南壁（432.13）、西北壁（518.56）的土地面积也大于绝大多数国家，如印度（328.7）、哈萨克斯坦（272.5）等。

---

① 数据主要来源于《中国经济与社会发展统计数据库》《美国2009年交通统计年鉴》。

表4-1　我国及部分地区土地面积与部分国家对比情况

地区	土地面积/ 万平方公里 （2010年）	地区	土地面积/ 万平方公里 （2010年）
全　国	960.00	印　度	328.7
东南壁	432.13	日　本	37.8
西北壁	518.56	哈萨克斯坦	272.5
北京市	1.64	韩　国	10.0
天津市	1.19	巴基斯坦	79.6
上海市	0.82	越　南	33.1
江苏省	10.67	埃　及	100.1
浙江省	10.54	加拿大	998.5
安徽省	14.01	墨西哥	196.4
山东省	15.71	美　国	983.2
河南省	16.55	捷　克	7.9
湖北省	18.59	法　国	54.9
广东省	17.98	德　国	35.7
重庆市	8.23	意大利	30.1
		荷　兰	4.2
		波　兰	31.3
		俄罗斯	1709.8
		西班牙	50.5
		土耳其	78.4
		乌克兰	60.4
		英　国	24.4
		澳大利亚	774.1

二、国际比较

（一）交通运输基础设施的国际比较

1. 铁路

从铁路营业里程来看，2010年，我国铁路营业里程为9.12万公里，跻身世界第二，与美国铁路营业里程差距较大，差13.73万公里，高于第三的俄罗斯0.59万公里。从地区角度来看，我国东南壁铁路营业里程数达到7.19万公里，约为英国、法国、德国的2倍多，日本、乌克兰、波兰的3倍多；而西北壁铁路营业里程数达到1.93万公里，与日本、乌克兰、波兰等国家水平相当，如表4-2所示。

表4-2　我国及部分地区铁路里程与部分国家对比情况

地区	铁路里程/万公里（2010年）	地区	铁路里程/万公里（2010年）
全　国	9.12	印　度	6.40
东南壁	7.19	日　本	2.00
西北壁	1.93	哈萨克斯坦	1.42
北京市	0.12	韩　国	0.34
天津市	0.08	巴基斯坦	0.78
上海市	0.04	越　南	0.23
江苏省	0.19	埃　及	0.52
浙江省	0.18	加拿大	5.83
安徽省	0.29	墨西哥	2.67
山东省	0.38	美　国	22.85
河南省	0.43	捷　克	0.96
湖北省	0.34	法　国	3.36
广东省	0.27	德　国	3.37
重庆市	0.14	意大利	1.80

续表

地区	铁路里程/ 万公里 （2010年）	地区	铁路里程/ 万公里 （2010年）
		荷 兰	0.30
		波 兰	1.97
		俄罗斯	8.53
		西班牙	1.53
		土耳其	0.96
		乌克兰	2.17
		英 国	3.15
		澳大利亚	0.86

从铁路网密度来看，2010年，我国路网密度为0.95公里/百平方公里，处于世界中等发达国家水平，与英国、法国、德国、意大利、日本等发达国家的差距甚远，而与巴基斯坦、土耳其、越南等发展中国家的水平相当。从地区角度来看，我国东南壁铁路网密度达到1.66公里/百平方公里，仅约为英国的1/8、德国的1/7、法国的1/4；而西北壁铁路网密度仅为0.37公里/百平方公里，处于较低发展水平状态。而在我国天津市（6.55）、北京市（7.12）、上海市（5.12）等发达地区的铁路路网密度（单位：公里/百平方公里）已达到一些发达国家的水平，如日本（5.30）、韩国（3.38）、法国（6.12）等，如表4-3所示。

表4-3 我国及部分地区铁路网密度与部分国家对比情况

地区	铁路网密度/ （公里/百平方公里） （2010年）	地区	铁路网密度/ （公里/百平方公里） （2010年）
全 国	0.95	印 度	1.95
东南壁	1.66	日 本	5.30
西北壁	0.37	哈萨克斯坦	0.52

续表

地区	铁路网密度/ （公里/百平方公里） （2010年）	地区	铁路网密度/ （公里/百平方公里） （2010年）
北京市	7.12	韩　国	3.38
天津市	6.55	巴基斯坦	0.98
上海市	5.12	越　南	0.71
江苏省	1.80	埃　及	0.52
浙江省	1.68	加拿大	0.58
安徽省	2.03	墨西哥	1.36
山东省	2.44	美　国	2.32
河南省	2.59	捷　克	12.11
湖北省	1.81	法　国	6.12
广东省	1.52	德　国	9.44
重庆市	1.70	意大利	5.98
		荷　兰	7.18
		波　兰	6.29
		俄罗斯	0.50
		西班牙	3.03
		土耳其	1.22
		乌克兰	3.59
		英　国	12.90
		澳大利亚	0.11

2. 公路

从公路营业里程来看，2010年，我国公路营业里程达到400.82万公里，已跻身世界第三，与第一名的美国差253.76万公里，与第二名的印度差10.14万公里。从地区角度来看，我国东南壁公路营业里程数达到343.80万公里，约为加拿大和日本的3倍、法国和俄罗斯的4倍、西班牙的5倍；而西北壁公路营业里程数达到57.52万公里，约为土耳其、墨西哥和波兰的 2 倍，荷兰、越南和捷克的 3 倍，如表 4-4 所示。

表4-4 我国及部分地区公路里程与部分国家对比情况

地区	公路里程/万公里（2010年）	地区	公路里程/万公里（2010年）
全　国	400.82	印　度	410.96
东南壁	343.30	日　本	120.79
西北壁	57.52	哈萨克斯坦	9.68
北京市	2.11	韩　国	10.50
天津市	1.48	巴基斯坦	25.84
上海市	1.20	越　南	16.01
江苏省	15.03	埃　及	10.05
浙江省	11.02	加拿大	140.90
安徽省	14.94	墨西哥	36.68
山东省	22.99	美　国	654.58
河南省	24.51	捷　克	13.06
湖北省	20.62	法　国	95.13
广东省	19.01	德　国	64.40
重庆市	11.69	意大利	—
		荷　兰	13.68
		波　兰	38.41
		俄罗斯	98.20
		西班牙	66.71
		土耳其	36.27
		乌克兰	16.95
		英　国	41.97
		澳大利亚	81.71

从公路网密度来看，2010年，我国公路网密度为41.75公里/百平方公里，与土耳其、越南、巴基斯坦等发展中国家水平相当，与英国、法国、德国、美国、日本等发达国家水平差距较大。从地区角度来看，我国东南壁公路网密度为79.44公里/百平方公里，与美国发展水平相当，但与德国、法国、英国等欧洲国家发展差距依然较大。然而，我国西北壁公路网密度为11.09公里/百平方公里，与澳大利亚和埃及发展水平相当，如表4-5所示。

表4-5 我国及部分地区公路网密度与部分国家对比情况

地区	公路网密度/ （公里/百平方公里） （2010年）	地区	公路网密度/ （公里/百平方公里） （2010年）
全　国	41.75	印　度	125.01
东南壁	79.44	日　本	319.63
西北壁	11.09	哈萨克斯坦	3.55
北京市	128.66	韩　国	105.30
天津市	124.46	巴基斯坦	32.45
上海市	145.33	越　南	48.34
江苏省	140.81	埃　及	10.03
浙江省	104.53	加拿大	14.11
安徽省	106.61	墨西哥	18.67
山东省	146.29	美　国	66.58
河南省	148.06	捷　克	165.49
湖北省	110.93	法　国	173.21
广东省	105.75	德　国	180.33
重庆市	142.16	荷　兰	329.70
		波　兰	122.83
		俄罗斯	5.74
		西班牙	131.99

续表

地区	公路网密度/ （公里/百平方公里） （2010年）	地区	公路网密度/ （公里/百平方公里） （2010年）
		土耳其	46.28
		乌克兰	28.08
		英　国	172.28
		澳大利亚	10.56

（二）交通运输服务规模的国际比较

1. 铁路

从铁路旅客周转量来看，2010年，我国铁路旅客周转量达到8762.18亿人公里，接近于印度的发展水平，约为日本的4倍，俄罗斯的6倍，法国和德国的10倍。从地区来看，我国东南壁铁路旅客周转量达到8035.42亿人公里，也是处于世界发达国家水平，约为日本的4倍，俄罗斯的6倍，法国和德国的10倍；西北壁铁路旅客周转量达到726.78亿人公里，超过英国（550.19）、韩国（330.27）、美国（95.18）等，接近于德国（785.82）、法国（868.53）等。可见我国旅客乘坐火车的人数多、距离长，铁路在我国旅客运输中起到了至关重要的支撑作用，如表4-6所示。

表4-6　我国及部分地区铁路旅客周转量与部分国家对比情况

地区	铁路旅客周转量/ 亿人公里 （2010年）	地区	铁路旅客周转量/ 亿人公里 （2010年）
全　国	8762.18	印　度	9034.65
东南壁	8035.42	日　本	2442.35
西北壁	726.78	哈萨克斯坦	154.48
北京市	99.54	韩　国	330.27

续表

地区	铁路旅客周转量/亿人公里（2010年）	地区	铁路旅客周转量/亿人公里（2010年）
天津市	136.91	巴基斯坦	247.31
上海市	60.16	越南	43.78
江苏省	351.58	加拿大	28.75
浙江省	362.67	墨西哥	1.78
安徽省	468.06	美国	95.18
山东省	434.94	捷克	65.53
河南省	765.96	法国	868.53
湖北省	430.53	德国	785.82
广东省	458.79	意大利	445.35
重庆市	100.44	荷兰	154.00
		波兰	157.15
		俄罗斯	1390.28
		西班牙	223.04
		土耳其	54.91
		乌克兰	502.40
		英国	550.19
		澳大利亚	15.00

从铁路货物周转量来看，我国铁路货物周转量达到27644.13亿吨公里，排名世界第一，高于美国（24687.38）和俄罗斯（20113.08），是印度（6005.48）的4.6倍。其中东南壁（22700.06）就超过俄罗斯，仅次于美国；而西北壁（4944.08）也高于大部分国家，超过加拿大（3227.41）、德国（1057.94）、哈萨克斯坦（2131.74）等，接近印度（6005.48）等。可见铁路在我国货物长距离、大量运输过程中也发挥着非常显著的作用，如表4-7所示。

表4-7 我国及部分地区铁路货物周转量与部分国家对比情况

地区	铁路货物周转量/亿吨公里（2010年）	地区	铁路货物周转量/亿吨公里（2010年）
全 国	27644.13	印 度	6005.48
东南壁	22700.06	日 本	204.32
西北壁	4944.08	哈萨克斯坦	2131.74
北京市	777.29	韩 国	94.52
天津市	512.68	巴基斯坦	61.87
上海市	27.43	越 南	39.01
江苏省	348.89	埃 及	38.40
浙江省	352.04	加拿大	3227.41
安徽省	1030.01	墨西哥	711.36[①]
山东省	1543.06	美 国	24687.38
河南省	2067.79	捷 克	135.92
湖北省	885.19	法 国	228.40
广东省	347.09	德 国	1057.94
重庆市	193.77	意大利	120.37
		荷 兰	—
		波 兰	342.66
		俄罗斯	20113.08
		西班牙	78.44
		土耳其	110.30
		乌克兰	2180.91
		英 国	125.12[①]
		澳大利亚	641.72

注：① 2008年数据。

2. 公路

从公路旅客周转量来看，美国在公路体系建设和公路旅客运输方面远远领先于世界，我国公路旅客周转量达到 15020.81 亿人公里，超过德国（9493.1）、日本（9059.1）、法国（7730.00）等发达国家。东南壁旅客周转量也达到 14173.07 亿人公里，承担了我国公路旅客运输的绝大部分，而西北壁旅客周转量达到 847.77 亿人公里，与捷克发展水平（883.50）相当，但落后于韩国（1006.20）、俄罗斯（1390.30）等国家，如表 4-8 所示。

表4-8　我国及部分地区公路旅客周转量与部分国家对比情况

地区	公路旅客周转量/亿人公里（2010年）	地区	公路旅客周转量/亿人公里（2010年）
全　国	15020.81	印　度	—
东南壁	14173.07	日　本	9059.1[①]
西北壁	847.77	哈萨克斯坦	1104.70
北京市	290.65	韩　国	1006.20
天津市	131.81	巴基斯坦	—
上海市	115.44	越　南	597.30
江苏省	1196.59	埃　及	127.9[①]
浙江省	882.04	加拿大	—
安徽省	1010.19	墨西哥	4369.00
山东省	1211.51	美　国	78743.3[①]
河南省	1031.18	捷　克	883.50
湖北省	631.39	法　国	7730.00
广东省	1736.34	德　国	9493.1[①]
重庆市	351.03	意大利	—
		荷　兰	—
		波　兰	243.90

续表

地区	公路旅客周转量/亿人公里（2010年）	地区	公路旅客周转量/亿人公里（2010年）
		俄罗斯	1390.30
		西班牙	4101.90
		土耳其	2124.60
		乌克兰	546.30
		英　国	—
		澳大利亚	3015.20

注：① 2006 年数据。

从公路货物周转量来看，我国公路货物周转量达到 43389.672 亿吨公里，排名世界第一，约为美国的 2.3 倍。东南壁公路货物周转量达到 39159.1 亿吨公里，约为美国的 2.1 倍、法国的 14.8 倍、德国的 9.2 倍；而西北壁公路货物周转量达到 4230.5 亿吨公里，与德国发展水平相当，比日本（3346.70）、俄罗斯（1801.40）、加拿大（1296.0）等发达国家水平高，如表 4-9 所示。

表4-9　我国及部分地区公路货物周转量与部分国家对比情况

地区	公路货物周转量/亿吨公里（2013年）	地区	公路货物周转量/亿吨公里（2010年）
全　国	43389.672	印　度	—
东南壁	39159.1	日　本	3346.70
西北壁	4230.5	哈萨克斯坦	662.50
北京市	101.5944	韩　国	125.50
天津市	231.2483	巴基斯坦	—
上海市	265.933	越　南	302.60
江苏省	1149.056	埃　及	—

续表

地区	公路货物周转量/亿吨公里（2013年）	地区	公路货物周转量/亿吨公里（2010年）
浙江省	1298.7139	加拿大	1296.0[1]
安徽省	5004.9069	墨西哥	2116.00
山东省	6216.7961	美国	18899.2[2]
河南省	4860.6286	捷克	449.60
湖北省	1079.1335	法国	2650.00
广东省	1735.4001	德国	4273.00
重庆市	610.3137	意大利	—
		荷兰	726.80
		波兰	1914.80
		俄罗斯	1801.40
		西班牙	2118.90
		土耳其	1764.60
		乌克兰	331.90
		英国	1434.50
		澳大利亚	1898.5[1]

注：① 2008年数据。

② 2006年数据。

三、国际借鉴

为了贯彻落实党的十八届三中全会提出的"两个一百年"战略精神，我国在交通领域启动了交通现代化"十三五"规划及中长期战略研究。国外发达国家如美国、日本、德国、法国等，在交通现代化的进程中留下了许多值得借鉴的经验教训。沿着国外发达国家交通现代化的发展道路，研究典型国家在各个时期的交通发展政策，可为我国规划交通现代化发展战略提供参考。

（一）美国

1. 美国的交通现代化发展概述

美国19世纪初开始进入公路运输重点发展的时代，其公路建设发展大致分为三个阶段：① 1915年以前为公路初建阶段；② 1915—1955年为公路大发展和基本建设阶段；③ 1956年以后，以洲际与国防公路系统为骨干的全国公路网成熟阶段，把全国的高速公路连接成网。截至1965年，美国的公路通车总里程（含城市道路）达597万公里，其中高速公路3.4万公里，按国土面积计算的公路密度达63.8公里/百平方公里，按人口计算的公路密度达307公里/万人。在此之后，美国的公路里程长度仅有少量增加，公路建设以提高质量为主。同时，美国的高速公路交通四通八达，建设有世界最完善的高速公路网络，形成了以高速公路为骨干的公路运输体系。

2. 美国交通运输领域投融资模式

美国城市公共交通投融资是在高度发达的市场经济环境中形成的。美国城市公共交通的投融资模式概括为"政府投资＋营运收入＋市政债券＋项目融资"模式。

（1）政府投资。

美国通过国家立法保障城市公交投资和补贴，1998年颁布的《21世纪交通平衡法》(TEA-21)的基本思想是改进安全，保护环境，增加就业，重建美国运输基础设施，协调发展各种运输方式。该法令提出，不仅要在高速公路、桥梁方面进行投资，还在公共运输系统、联合运输和诸如智能运输系统这类先进技术领域进行投资，并列入国家财政预算。1999年有26亿美元按照一定公式分配给人口超过5万人的城市化地区，其中约70%用于公共汽车。2003年为公共交通提供360亿美元的公共交通基金，另有50亿美元可用于各种拨款。但经营性补贴范围不断削减，联邦政府只照顾小城市和农村的公交系统。

美国公共交通的资金来源 60% 是政府补贴（其中 5% 是联邦政府补贴、21% 是州政府补贴、34% 是地方政府补贴），37% 是票价收入，其余则通过营业税、消费税或发行债券补齐。

（2）市政债券融资。

美国在建国之初就开始使用发行债券的方式为公共交通等基础设施建设融资，从 1993 年至今每年仍要发行 2000 亿～4500 亿美元的债券用于市政建设，占美国债券市场发行总额的 13%，可以说是最小的债务市场。大多数地方政府都通过市政债券进行融资。在全美 8 万多个地方政府中，大约有 5.5 万个是市政债券发行者。发行市政债券融资，至少需要以下要素：政府信用评级机构、债券保险机构、债券市场和债券购买者、交易方式和监督机构。

第一，政府信用评级机构。市政债券和企业债券一样，主要存在违约、拖欠、信用等级改变、流动性风险、资产价值损失、利息损失等信用风险。因此发行市政债券一定要经过信用评级机构的评级。同时，由于市政债券发行数量不断增加，信用风险也在逐渐提高。为了较好地控制风险，美国形成了以信用评级制度、信息披露制度和债券保险制度为内容的信用风险管理机制。目前，美国从事市政债券评级的机构主要是穆迪、标准普尔和惠誉。信用评级机构对所有公开发行的债券进行独立的信用评级，通过信号甄别与信号传递机制，使投资者的信息不对称得到一定程度的改善，从而可以比较风险与收益进行投资决策。

第二，债券保险机构。债券保险是目前应用比较广泛的方法。现在，几乎 50% 的市政债券都为其按时还本付息向私人保险公司申请保险。在市政债券发行市场上，债券保险有三种主要方式：第一种方式是债券发行人首先要求承销商进行竞争性投标，而这种投标价格可以包含或不包含债券保险价格，发行者最后选一个最低的报价，当然这种报价可能不含保险；第二种方式是发行者从保险人的投标价格中选择合适的保险商，买了债券保险后再要求承销商进行竞争性投标；第三种方式是在决定是否买保险之前，发行人要求承销商分别以含保险和不含保险两种形式进行承销投标。

第三，债券市场和债券购买者。美国市政债券的投资群体包括个人家庭、货币市场基金、共同基金、保险公司、银行、银行年金信托、封闭式基金和其他投资者等。联邦政府对个人投资者的市政债券利息免征所得税。由于税收政策和市场风险的约束，商业银行持有的市政债券比例近年来持续下降。保险公司持有的市政债券比例则随着公司业务波动和经济景气循环而变化。

第四，交易方式。市政债券发行主要有竞标和商议交易两种方式。市政债券传统上一般通过柜台交易市场进行交易。近年来技术进步因素使电子交易迅速增长。与公司债券主要由联邦证券与交易委员会监管不同的是，市政债券的监管工作比较分散，发行管理主要由州和地方政府负责，市政债券公开发行前并不需要向联邦证券与交易委员会注册登记。市政债券交易活动由美国全国证券交易商协会有关部门，按照市政债券条例制定委员会（MSRB）制定的规则进行监管。

第五，监督机构。美国对市政债券的监管机构主要有美国证管会市场监管部设的市政债券办公室和美国市政债券规则委员会。尽管美国证券交易委员会（SEC）对企业发行债券和股票有很大的权力，但监管市政债券的权力却要小得多，发行市政债券既不需要 SEC 批准，也不需要向 SEC 登记和定期报告。事实上，美国《证券法》不允许 SEC 制定有关规则，直接或者间接要求市政债券的发行者事先向 SEC 登记和报告。市政债券办公室的权力主要有两个方面，一方面是根据反欺诈条款进行事后监管，包括对市政债券的发行者、承销商、经纪人、交易商、律师、会计师和财务顾问等所有参与人的监管，主要的手段有责令限期改正、罚款及提起诉讼；另一方面是制定或者委托制定约束市政债券承销商、经纪人、交易商、律师、会计师行为的规则，要求这些参与人履行信息披露的义务，从而实现对市政债券的监管。

（3）项目融资。

美国政府把引入社会资本作为提高城市基础设施建设效率和降低成本的手段，其主要做法是通过提供市场优惠、特许经营权和管理权或由政府提供信用等方法吸引私人部门投资，而不是以直接投资者或直接借款人的身份介入。PPP模式是公共基础设施建设中发展起来的一种优化的项目融资与实施模式，这是一种以各参与方的"双赢"或"多赢"为合作理念的现代融资模式。其典型的结构为：政府部门或地方政府通过政府采购形式与中标单位组成的特殊目的公司签订特许合同（特殊目的公司一般有中标的建筑公司、服务经营公司或对项目进行投资的第三方组成的股份有限公司），由特殊目的公司负责筹资、建设及经营。政府通常与提供贷款的金融机构达成一个直接协议，这个协议不是对项目进行担保的协议，而是一个向借贷机构承诺将按与特殊目的公司签订的合同支付有关费用的协议，这个协议使特殊目的公司能比较顺利地获得金融机构的贷款。采用这种融资形式的实质是，政府通过给予私营公司长期的特许经营权和收益权来换取基础设施加快建设及有效运营。

3. 美国交通现代化进程对我国的启示

信息技术是当代最具潜力的新的生产力，近年来，在通信、交通、大数据采集与分析等新技术的涌现，深刻地改变着社会的大背景下，交通运输的发展也受到现代技术的深刻影响，面临着如何被重新理解和表达的挑战。美国早在20世纪60年代就开始智能交通系统的研究，并通过不断地完善，将先进的信息、数据通信传输、自动控制及计算机处理等技术运用于交通运输的管理体系。一个实时、准确、高效的综合运输管理体系对保障美国强大的社会经济系统的有效运转有着至关重要的作用。

交通运输技术不断升级是交通现代化的一大必然趋势，我国交通运输业已逐渐进入依靠信息技术来实现交通运输现代化的关键时期，交通运输必将经历一次深刻的技术革命，将进一步采用信息技术的成果，提高运输效率、运输质量和运输效益，以满足社会发展对交通运输的需求。交通技术革新是交通现代化的有力保障，技术升级带来的交通综合成本的下降、交通效率的提高及区位效用的提升等效应将对我国的交通发展、城镇化及区域空间布局变迁产生潜在的、基本的影响。开发智能交通运输体系也是解决我国目前交通拥堵、道路运力不足的重要途径之一,将智能交通技术应用于城市道路系统可以有效提高城市交通的效率。

在我国交通现代化的进程中,集中力量进行技术的更新换代,建立一个综合、高效的运输体系,将智能系统运用于交通运输体系的各个环节,将是现代化中不可忽视的一步。如何制定合理科学的、适应当前社会发展的新型城市交通智能系统和技术策略,对我国交通的发展有着重要的作用。

(二) 日本

1. 日本的交通现代化发展概述

日本在 20 世纪 60～70 年代经济起飞时期,公路网随着经济的发展也不断得到强化,对公路的发展有着宏伟的规划。日本公路发展始于 20 世纪 50 年代的经济恢复期,在制定了"国土开发干线公路建设法"基础上,先后编了 6 个"五年计划",规划的高速公路 32 条,长 7600 公里。另外还规划有国道 3 万多公里,70 年代已经完成,改善都道府县和地方道路的工作,也在逐步加以实施。

从数据上看,1955 年日本刚开始交通现代化时,全国汽车保有量包括三轮汽车在内只有 90 多万辆,人均汽车拥有量约为 0.01 辆/人。自 1955 年日本政府发布"国民车育成纲要"以后,汽车保有量开始增长。特别是进入 20 世纪 60 年代以后增长非常迅速,这种迅速增长的势头一直保持到现在。2000 年日本汽车保有量达到 7586 万辆,人均汽车拥有量为 0.6 辆/人。汽车数量的增长必然促进道路建设的发展。日本在 1954—1958 年,为第一次道路整备五年计划期间,其计划投资额为 2600 亿日元,到第二次五年计划(1958—1962 年)期间,增至 10000 亿日元,增加了 2.8 倍。以后从第二次五年计划到第九次五年计划,每次计划投资额的增加幅度都在 1.5～2.0 倍。

另外,从道路建设的实际投资额来看,1960 年为 1814 亿日元,10 年后的 1970 年达到 13554 亿日元,增加了 6.5 倍。1980 年道路建设投资额增加到 48066 亿日元,与1960年相比增加了25.5倍。日本道路建设迅速发展，道路条件迅速改善。公路在"二战"后工业布局中发挥了极大作用，国内旅客运输和短途货物运输主要由公路承担。随着路况改善，公路客货运量猛增，货运从以铁路为主转为以公路为主。日本早在1957年就着手建设高速公路，1969年东京至神户间高速公路全线贯通，随后建设了南北相贯的5条大干线，与已有的东京、名古屋及阪神地区的高速公路相接，形成了全国高速公路网体系。

日本对新交通系统的研究也十分重视。1964年就已建成时速100公里的新干线，往来于东京及大阪之间，这标志着日本在交通技术上开始超越欧美。日本计划用新干线联系全国各主要城市，从而大大缩短城市间的时距。

近年来，日本城市新交通系统发展引人注目，目的在于解决中距离、中运量交通，以弥补以往只注重发展长距离而导致近距离交通手段的不足。其运输工具种类繁多，现代化程度极高，包括单轨磁性电车、悬挂式单轨交通、封闭式专用公共汽车道、无人驾驶定时往复电车等。现在，日本交通的现代化水平已处于世界前列。

2. 日本交通现代化与城市发展

明治维新后，日本大约花了100年时间，完成了交通的现代化，从而为全国的高度城市化奠定了基础。高速公路、城市道路、地铁、电气铁道、新干线、新交通系统组成了市际交通与市内交通的整体化网络与便捷的换乘交通枢纽。交通换乘方便使人们不必出站即可到达全国任何大中城市。由于交通发达，城市间的联系变得轻而易举，中小城市围绕大城市不断形成，最终日本形成了以大城市为核心的大都市圈地域结构。最典型的是东京大都市圈、名古屋大都市圈和大阪大都市圈。

东京在"二战"后就提出建设大都市圈的计划案，旨在控制大城市规模，分散首都功能。20世纪60年代提出对应于多心型城市结构构筑以高速道路网为主体的新交通体系，从而实现向高效率多心型城市结构的转变。大阪、京都和神户三市在市制初设时，人口已达到10万人以上，而且互相间距离才几十公里，因此可以说在明治年间，这三大城市间就已经连为一体，并且各自有其不同的特色。大阪为工商业城市，神户为港口开放城市，京都则以千年古都的优势在文化上有其魅力所在。

交通的发达和大城市地域的对外进一步扩张和延伸，以及因此而形成的近郊工业地带新兴住宅区，彻底打通了大城市和周围地区间在地理上的间隔，减少了地区间的经济差别和文化上、生活方式上的差异，从而最终形成了以大城市为核心的大城市圈地域结构。在日本大城市圈的出现实际上也意味着日本的城市化进程已进入城市和城市间连接成一片，农村地区已越来越少的局面。同时由于交通的发达，城市间的联系变得轻而易举，城市和城市已完全融为一体。

应该指出的是，各大城市圈中并非全是城市。而只是指该大城市圈处于某一或某几个大城市的辐射范围之内。长期以来，关东的东京大都市圈和关西的大城市圈在"二战"前一直是平分秋色，各有所长。但在"二战"后，大阪的地位明显下降，人口也在60年代末期出现持续的负增长。目前横滨已取代大阪成为东京之后人口第二多的城市。东京大都市圈的实力已是其他都市圈所无法超越的了。东京大都市圈内有东京、横滨、川崎、千叶四大城市及其他一些中型城市。光这四大城市的人口加在一起就有1300多万人，为全国人口的1/10。而整个东京大都市圈的人口为3000多万人，约占全国人口的1/4强。为三大都市圈中人口最多、大城市最集中、人口密度最高的地区。东京大都市圈作为日本三大城市圈之首，是日本乃至世界上最大的城市聚集体。它的面积虽然只占国土面积的8.51%，却集中了全国31.6%（2000年）的人口，人口密度高达1241人/平方公里，是全国平均水平的3倍之多。东京大都市圈是日本的政治、经济、文化中心，并逐步确立起全球三大金融中心的地位，同时也是日本最重要的交通与信息枢纽。该区域集中了国家立法、行政和司法机构，主要的政治党派总部、外国使领馆、地方政府办事部门及民间企业的相应机构，发挥着政治、行政中枢的职能。它作为日本经济的核心地带，是日本各主导产业（制造业、服务业、商业、不动产业、运输通信业、金融保险业）的中心，其生产总值均超过全国比重的1/3，尤其是制造业、服务业，更是高达64.6%和78.9%（1997年）。它作为日本文化事业的核心区，集中了全国1/3以上的大学，其中有著名的东京大学、庆应大学、早稻田大学等；并拥有全国1/3的国家级文化机构，日本广播电台和三大报纸的总部均设在这里。该区域拥有日本最大的港口群体——东京湾港口群，东京（羽田）和新东京（成田）两大国际机场及发达的陆路交通，并且信息基础设施发达，是全国信息处理中心，发挥着交通和信息中枢的职能。从地理位置上来看，这三大都市圈都位于日本本州的东海道上，东京大都市圈位于关东地区南部、名古屋大都市位于全国的中部地区，而大阪大都市圈则位于关西地区，从而在本州岛的关东至关西地带形成了三大都市圈鼎立的城市格局。

日本的三大都市圈为人熟知，而实际上日本的城市与区域发展已经并正在经历"四→三→二→一"的演变过程。在工业化进程中，日本形成了分别以东京、大阪、名古屋、福冈为中心的四大工业地区。20世纪60年代，在日本重工业鼎盛时期，仅占国土面积12%的四大工业区独占全国工业总产值的70%，工业区的集中发展取向非常强烈。随着产业结构变迁和城市发展，在东海道地区逐渐形成三大都市圈，它们是以东京为核心的首都圈，以大阪为核心的近畿圈，以名古屋为核心的中部圈。

在连接三大都市圈的主要城市的新干线开通后，都市圈之间的人口和资本流动更加便捷，东京到名古屋仅2小时，到大阪仅3小时，三大圈之间的往来是十分方便的。若日本的超导飞车开通，那么东京到名古屋只要45分钟，到大阪仅需1小时。名古屋等城市的吸引力和竞争力弱于东京、大阪，呈现衰落态势，而东京、大阪等城市实力更为突出。因此，20世纪80年代的国土规划提出"双镜头"结构，以东京为政治中心，大阪为商业中心。然而，1980—1990年，许多公司总部从大阪迁到东京，东京的经济中心地位不断加强，形成目前的一极化发展态势，并在进一步强化。通过新干线的联系三大圈将变为一大圈，从而成为世界上最大的都市圈。

作为人口密度很高，且在亚洲最先实现现代化的国家，日本在大都市圈发展方面走出了一条与欧美国家完全不同的道路，以高密度及高集中度为主要特征，积累了丰富的经验，其综合统筹、规划引领、法律约束与保障、交通先行、环境友好等相关经验值得我国学习借鉴。

第一，通过法律手段限制工业过度聚集，以规划引领都市圈多核化发展。

为防止工业的过度聚集，首都圈和近畿圈分别于1959年3月和1964年7月实施了《工业等限制法》，实施对象为首都圈和近畿圈的已建成市街区，禁止一定规模以上的工厂及大学的新建与新设，由都县知事核准。因人口老龄化和产业空心化等因素影响，该法案于2002年被废止。继《工业等限制法》之后，日本政府又于1963年5月和1964年7月分别出台了《新产法》和《工特法》，为产业由大都市圈外移提供一定比例的财政补贴或地方债贴息，还包括税收减免、资产置换、特别土地保有税免除等优惠政策，实施对象由国土交通大臣指定，《新产法》实施地域为北海道道央、八户等15个地域，《工特法》实施地域为茨城县鹿岛、静冈县东骏河湾等6个地域。两法案同时于2001年4月废止。日本政府还于1972年6月出台了《工业再配置促进法》，以进一步诱导产业外移，实施对象为全国27个道县的全境，以及首都圈范围茨城县、栃木县的部分市镇村，主要政策为减免部分地方交付税。该法案也于2004年被废止。

在以法律手段限制工业过度聚集的同时，日本政府还通过大都市圈的规划，引导具有核心功能的外围城市建设与发展。比较典型的案例是首都圈周边的筑波、横滨、川崎等9个外围新城的建设，以筑波市为例，它位于东京东北50公里，面积284平方公里，人口21.73万人，自1963年政府决定建设"研究学园都市"开始，目前已有32个国家级重要研究机构（占全日本的1/3以上）、300多家民间研究机构集中于此，科研人员总数超过2万人，为日本最大的科研基地，是名副其实的科学城。

第二，轨道交通先行，打造多个副都心兼交通节点及快速轨道交通网。

在1976年的第三次首都圈整备计划中，提出了在东京建立7个副都心的设想，其中新宿、涉谷和池袋三个副都心最为重要，加上之后追加的品川，每个副都心均自成一体，有效分散了东京的城市中心区功能。更为重要的是，以此4个副都心为基点，相继建设了覆盖首都圈相关区域的快速轨道交通系统，使其成为郊外与都心交通连接的骨干节点。4节点的日均轨道交通乘降人数都达到数百万人，其中新宿站的日均乘降人数达到360万人，成为世界最繁忙的都市轨道交通换乘点。

基于首都圈、近畿圈、中部圈整备规划，由国家与地方政府合作建设跨区域的快速轨道交通网，则是实现较长距离人员和产业分流的重要前提。即使在1986年国铁改革法案实施后，运输省和地方政府仍对铁路和轨道交通县建设提供补助、无息贷款等财政支持，除国家和地方政府继续以2∶1的比例分担新干线建设费用，并交JR（日本铁道公司）承租运营外，民营化后公司合营的"第三方公司"仍在轨道交通运营中发挥骨干性作用。通过相关政策支持，JR公司在车站周边物业开发、非运输业经营等利润占比达到1/3，基本实现了轨道交通系统的市场化运营，大大减轻了国家和地方政府的财政负担。

2. 日本交通运输领域投融资模式

日本是一个地少人多的国家，城市的人口密度高，市民的出行主要依靠轨道交通，日本还通过快速轨道交通支撑和引导城市的发展。从20世纪60年代开始，日本的城市发展便采取了快速交通体系模式，东京都市圈的轨道交通是世界上规模最大的城市轨道交通系统，东京地区的轨道交通里程合计超过2500公里。

日本城市交通建设采用混合投资模式，指轨道交通项目中既有政府投资行为，也有非政府资金投资行为，采取的是政府财政向地铁开发部门提供补贴、减免税收或提供低息融资的方式。该模式主要特点是：①轨道交通的投资者或运营者将一部分筹资或盈利风险转移给政府。这不仅能保证轨道交通的建设得到足够的资金，同时还能保证这种来源于政府的资金和政策支持是长期和稳定的。②政府通过提供财政补贴、低息融资和优惠的投资及营运期政策吸引广大社会非政府投资者投资轨道交通等基础设施行业，起到以少量政府资金撬动巨大民间资本的"四两拨千斤"的引导作用。③实行该种模式筹集基础设施建设资金的国家或城市均有较完善的投资效益保障法律体系，使投资者在评估投资项目时降低了政策性风险。

日本对于由公营和公共团体出资50%以上的地铁新线建设，采取政府补贴方式，补贴部分占建设费用的70%，中央政府和地方政府补贴35%。补贴从地铁开始运营的第二年起分10年拨付，实际建设费用几乎全部依靠企业自己以发行债券和借款的方式进行筹集，政府补贴相当于企业举债所负担的利息。

而对于私营企业投资建设的新线或扩建工程，则采取政府财政提供低息融资的方式，一般由日本开发银行提供低息融资，融资比率限于总工程费用的50%以内。具体来讲，先由日本铁道建设公司融资并承担建设工程，完工后一次性转让给经营者，经营者分5年平均偿还地铁建设费用的本利。经营者承担的利息成本为5%，超过5%的部分由中央和地方政府各负担一半。

另外，东京于1982年4月建立了"特定城市铁路建设公积金制度"，规定对铁路部门的收入实行减免法人税和固定资产税，相应的收入纳入地铁部门内部资金，用于新线建设。

3. 日本交通现代化进程对我国的启示

从日本交通现代化的发展过程来看，交通的发展深深影响了日本城市的发展。由于日本城市人口密集，因此交通的发展对城市和人口结构的组成奠定了基础。交通的便利和工业的发展，推动了日本城市化的进程。交通现代化带动了地区经济的发展，也加强了城市之间的联系。日本由于高速公路、城市道路、地铁、电气铁道、新干线、新交通系统等交通网络的发达，最终形成了以大城市为核心的大都市圈结构。而现代化的交通体系则为日本的三大都市圈提供了有力的保障。

我国正处于新型城镇化快速发展的关键时期，新型城镇化是我国经济社会发展和经济结构战略性调整的重要战略支点。而交通发展是城镇化发展的重要基础，在引领和支撑城镇化发展方面的作用已日益凸显。城镇化发展战略的实施，必将对交通运输行业提出新的需求，交通运输应加快科学发展、转型发展，适应城镇化发展的新形势。

城镇化发展过程中城镇空间形态会发生相应变化，将对交通网络空间形态、网络衔接、等级结构、交通枢纽等提出新的需求，对交通运输规划、建设和投资政策等都将产生重要影响，这将要求交通基础设施网络，特别是交通网络做进一步优化，以适应城镇化发展的需要。以构建现代综合运输体系为目标，加快完善交通体系是城镇化加速发展的重要基础和前提。面对新形势，交通规划和建设对支撑和引导城镇化走向方面的作用已不言而喻。

在新一轮城镇化过程中，交通网络将展现其更为广阔的空间优势，交通便利的城市或城镇也必然更具优越性。因此，一方面要充分发挥现有路网及规划路网对城镇化的引导作用，将交通区位作为城镇化的重要基础条件之一；另一方面，城镇化规划必须建立在交通运输服务得到全方位保障的基础上。换言之，如果受到土地、环境等条件限制，未来交通规划提供的运输能力无法满足某区域城镇化预测交通需求，该城镇化规划有必要重新定位和调整。

另外，坚持交通建设的"适度超前"，能够有效支撑城镇化发展。交通运输是基础性、先导性、服务性产业，交通建设要服务于城镇化建设，包括公路交通在内的综合运输体系要为城镇化提供支撑和保障。公路交通要坚持适度超前、稳中求进的原则，公路建设标准、通行能力和服务水平要着眼于城镇化未来发展的趋势和长远需求，为城镇空间发展、产业发展、环境发展留好余地，要避免建成之时就是落后之日，要避免短期预测造成的频繁升级改造，要把握好规模标准与资源环境承载力和资金可能性之间的平衡，提高公路交通基础设施的耐久性和可靠性，为城镇化的发展做好前瞻性服务。

（三）法国

1. 法国的公共交通发展的历程

法国城市公共交通具有悠久的历史，也是市民出行的首选。法国政府重视推动公共交通的发展，采取了多种措施以发挥公共交通的经济性、服务性和规模效应。二战后公共交通的运营管理及发展，主要经过了以下三个阶段。

一是私营时期，主要在1945—1973年。这期间法国公共交通基本上由私营公司经营，政府主要是对这些私营企业进行规制和监管，在运营条件上，不仅要求具备公共交通相关的装备、设施、人员和技术；还要求能够提供相应的服务，具有公共性、普及性和时效性，不断提高服务的相应速度；还必须有充足的周转资金，保障服务的可持续性。事实上，由于私营公司的盈利属性，一些效益不好的铁路、公路路线停开，导致公共交通的路线缩减，很多人不得不转向私人轿车，进一步导致公共交通的不景气。

二是部分国有时期，主要在1974—2003年。公共交通规模性与私营公司盈利性的内在冲突，一定程度上形成了负向循环，成为公共交通发展的瓶颈。在这种情况下，政府出面参与到公共交通体系中来，将部分交通收归国有，并对公共交通的薄弱环节进行支持，对交通网络建设进行整体布局。在政府统筹作用下，法国公共交通得到迅速发展，比较完成的公共交通网络形成，换乘点和公交频次大大增加。贫困地区的公共交通得以建立，政府还通过直接补贴消费端弱势群体的方式，让穷人可以半价和免费乘车，让公共交通成为社会各阶层共同的出行方式。为此，法国政府对1971年开征的交通税进行了多次调整，以适应公共交通发展的需要，主要对公共交通公司进行补贴，以确保公共交通网络的建设和运营。1981年后，还出台了要求企业提供员工交通补助的办法，减少消费者的成本，有力地起到了鼓励大家公共交通出行的作用，逐步形成了公共交通规模发展的良性循环。

三是淡化干预、加强监管时期。2004年以来，法国政府在加强公共交通规划、治理、监管的情况下逐渐淡出公共交通市场，把工作的重点放在制定有关政策和完善监管方面，形成一套比较行之有效的政策，包括通过征税鼓励市民减少私家车出行，补贴公共交通的发展；完善不同交通工具的通票制度，实现不同交通工具的方便衔接和切换，极大提高了公共出行的便利度和高效性；在加大公共交通便利度的同时，挤压私家车出行的空间，在人多密集地段减少停车位、增加停车费，鼓励大家乘公交车出行；同时，为了提高公共交通的速度，还限制货车的进城时间和进城地段，形成一个公共出行的良好氛围。

2. 法国交通信息化概况

（1）对交通动态进行预报。法国多个高速公路公司建立了交通信息中心，实时搜集不同地段车流信息并预报车流信息，政府还建立了全国交通信息预报中心，发布相关道路及路段的交通流量、气候、事故及堵车状况，对交通信息的采集十分详尽，而且更新频率很高，随时发布。同时，法国交通信息管理机构还接受各个线索信息的报告，任何有碍公共交通的工程或活动开始之前必须提前向当地交通信息管理机构报告。随着移动终端的普及，这种信息报送也从广播、电视走向手机、车载电脑。

（2）建立信息准确的电子地图信息系统。为了勘测每一条道路的变化，即时更新信息，法国电子地图出版社常年雇人进行勘测，绘制新版地图。在汽车全球卫星定位导航仪使用的地图中，对路边的建筑或树木长大后枝叶影响导航通信也要进行实地实验与修正，以免误导使用者。同时，建立了地图服务网站，提供网络电子地图，在详细显示路线信息的基础上，还提供高速路缴费、预计的耗油量、当日道路工程地段等行车信息。

（3）全球卫星定位导航仪已逐渐普及。进入21世纪以来，全球卫星定位导航在车载系统和手机系统中逐渐普及，在此基础上，加大了汽车出行信息与警察、安全部门的联系，并逐步在此基础上加载了各种相关服务。

3. 法国交通领域的投融资模式

法国在交通发展领域形成了独特的理念。政府交通管理部门负责组织公共交通和制定票价政策，出发点是公共交通票价不能完全由乘客承担。票价制定要考虑到公共交通成本的负担及成本分摊，不能让票价变得高不可攀，引起乘坐率的下降，而乘坐率下降又会导致票价进一步上升，形成恶性循环，对乘客和城市的发展都不利。政府参与交通建设和管理，负担部分基础设施的开支和公共交通的维护费用，同时是对选民负责，满足选民的交通需求。随着气候变暖和气候变化议题的扩展，公共交通更是成为城市低碳环保的一个重要抓手。私人汽车所引起的污染比公共交通的污染要大得多。一个人乘坐公共汽车所产生的污染比驾驶轿车的污染要少10~20倍。从这个角度来说，为公共交通发展赋予了更加多元的意义，同时意味着，城市公共交通的投入主体和成本分担主体也是多元化的，主要有4个方面。

一是乘客购票款。乘客大约承担了公共交通成本的1/3。法国对不同类型人群提供差异化票价，还按区域发售月票和年票，对学生及失业者提供优惠，满足不同乘客的需求，鼓励不同群体都乘坐公共交通。

二是企业雇主负担的交通税。根据法国的交通法，在交通组织机构（AOT）所辖范围内，9名职工以上的雇主都要交纳"特别交通税"。如前所述，该税种开征于1971年，税率按与工资总额成一定的比例抽取，税率由交通组织机构（AOT）决定。巴黎的税率最高为2.5%；其他地区10万人以上的城市税率为1.05%；10万~20万人的城市为0.55%。交通税是法国公共交通建设融资的主要来源，大约占公共交通成本的50%左右（巴黎占50%，10万人以上城市占60%）。

三是地方政府投入。票款和交通税收入之外，不足的部分，法国地方政府还通过地税为城市交通筹集资金，这部分资金主要用于基础设施投资。

四是国家投入。法国政府对交通的投入主要在于交通基础设施项目，主要目的是通过国家政策和资金引导，鼓励发展公共交通，鼓励实现多元化的交通体系，并推动现有的交通网络改造，促进交通现代化。在国家参与出资的项目中，国家出资比例一般占到20%左右。同时，法国还是公共交通经营管理模式——政府和社会资本合作的发源地之一，为法国形成发达的城市公共交通系统和良好服务体系做出了贡献。

法国在公共交通方面建立起的政府和社会资本合作模式，是经过长期实践形成的结果。在很长一个阶段，法国交通基础设施工程中，政府一直占据主导地位，并调动社会资本方的参与。在第一次世界大战前，法国公共交通领域就出现了特许经营。"一战"后，地方政府参与建设，产生了新的合作形式，即出租：地方政府投资，将经营权租给企业，企业通过向用户收费，向政府支付租金并达到收支平衡。

第二次世界大战后,地方政府更多地参与公共交通,将经营权转交给企业,并由企业承担所有的融资风险。到20世纪70年代出现了新型企业,即混合经济公司,地方政府和私营企业在该特殊类型企业中根据协议各占一定比例的股份,分担投资成本和收益。

4. 法国交通现代化进程对我国的启示

法国拥有世界上最密集、欧盟国家中最长的公路网,也拥有发达的、历史悠久的公共交通系统,对我国交通基础设施建设和公共交通管理都具有启示意义。

一是建立政府与社会资本合作模式对于交通领域建设具有现实意义。法国多年的实践证明,政府对交通领域的参与,既不是越少越好,也不是全部接盘为好,而是在充分发挥私营企业作用、避免私有化弊端的基础上,推动多元投资,有效运营,有力监管,具有良好的可操作性。

二是鼓励公共交通发展需要双管齐下。既要激励供给端加大提供交通基础设施和交通公共服务的力度,又要鼓励需求端采用公共交通,通过补贴消费和打压私人交通的形式形成合力,形成公共交通发展的良性循环。

三是交通领域的环保节能是低碳绿色发展的重要抓手。

法国非常注重绿色和环保理念,随着经济发展,人民生活水平的提高,道路上汽车的数量大幅增加,不可避免地会造成道路不堪重负、交通拥堵、事故频发和环境与大气污染等问题。法国的低碳交通策略最初也是为了解决机动车发展带来的事故和环境污染问题而制定的,在大力发展公共交通的同时,还积极使用了有轨电车等替代小汽车的现代化交通工具,随后在政策的制定上着重于节能和减少大气污染等,有很多我国值得学习借鉴的地方。

四是交通理论和组织规划是提高交通发展水平的重要条件。我国交通投资比重明显侧重于针对机动车交通的道路和桥梁的建设,在交通理论、规划及人性化的交通布局设计方面还与法国有较大差距。在快速发展过程中,往往城市道路规模的增长并没有改善行人和骑自行车者的交通条件,而是以牺牲他们的路权为代价的,城市规模越大，人均人行道面积越小，人居环境的宜居度反而降低了。在我国交通现代化的过程中，除了着力于交通网络的完善和交通效率的提升之外，还需要进一步丰富交通规划建设理论，完善交通设计的理论体系，最终为人民居住环境的优化提供支撑。

（四）德国

1. 德国的交通现代化发展概述

德国交通运输发达，已形成了集铁路、公路、水运、航空等多种运输方式为一体的综合运输体系。铁路里程4.4万公里，电气化率超过45%；公路里程46.1万公里，其中高速公路1.2万公里；内河通航里程7500公里，其中运河2100公里；沿海布局有汉堡、布莱梅、威廉、吕贝克和罗斯托克5大港口；各类机场总数超过200个，其中法兰克福、柏林等机场是欧洲重要的航空枢纽。德国私人乘用车保有量超过4600万辆，每千人乘用车拥有量近600辆。

在德国，公共交通是相对于私人交通而言的，凡是公开为社会大众提供运输服务的运输方式都属于公共交通范畴。从覆盖区域角度，公共交通可以分为国际、区际、城际及城市公共交通。就城市公共交通而言，其服务于城市客货运输，本部分以德国客运公共交通为重点。具体而言，德国城市客运公共交通体系主要包括轨道交通（含传统铁路、城市地铁、轻轨、有轨电车等）、公交汽车、航空及水运等方式，但在德国本土境内，航空和水运所承担的客运量很少，绝大部分公共客运服务依靠轨道交通和公交汽车来完成。由于德国城市化高度发达，其城市交通早已跳出了传统的城市范畴，依托区际、城际轨道共同服务于城市交通的情况非常普遍。具体而言，服务于德国城市公共交通领域的轨道运输方式主要包括城际高速铁路、城际快速铁路、地区快速铁路、地区铁路、市郊快速铁路、地铁（或轻轨）和有轨电车等。

德国城市公共交通管理体制依据联邦、州、市镇三级划分。根据1996年通过的《公共交通系统地区化法》，联邦政府从战略框架层面指导城市公共交通的建设与发展，通过"委托合同"等方式将城市公共交通管理的具体职责交由州政府和市镇政府，联邦交通、建设与城市规划部一般负责配套立法及相关规划、政策、标准的制定，并通过专项资金对特定公共交通设施建设予以资助。州、市镇等地方政府是城市公共交通事务的具体执行者，负责各自管辖范围内公共交通的规划建设、组织管理、资金保障及规章制度的制定等。在城市公共交通运营管理方面，德国的公共交通行业协会发挥着重要作用，各级政府之间、政府与公共交通企业之间、公共交通企业之间诸多事宜都需通过协会予以沟通和协调，绝大部分协会受政府委托承担着城市公共交通标准制定、规划咨询、决策支持、生产营销、财务核算、票制票价协调统一等方面的职能，甚至部分协会直接负责管理本地城市公共交通日常性事务。目前，德国各类交通运输协会超过1200家，各州及诸多城镇都拥有自己的公共交通协会。

2. 信息技术在德国交通领域的运用情况

在德国交通管理领域，与新技术相对应的先进管理理念已经初步形成，交通管理部门明确提出的基本准则概括性地表达出了这一点，这就是"努力建立一个尊重生命，尊重他人，遵守规则；科学化，现代化，系统化；统一生态、生活和生产可持续发展的交通体系"。他们认为，交通管理要完全取决于人的需求。政府、研究部门、企业等应以人为本，一切为人服务。通信信息系统的建设也应以需求为导向，统一规划，统一标准，集中管理，分散服务。目前，德国已经建成一个高度发达的"智能交通"网络，通过电子等高科技手段对交通状况实施24小时不间断监控，所有车辆在交通信号灯的指挥下穿梭来往，交通信号灯间的转换，会根据路口的交通流量进行及时、合理的调整，交通设施让司机方便舒适。当汽车看到行人横穿人行横道时，车子会让行人先行，而行人也不会乱穿马路。十字路口的信号灯通常是一上一下相配套，而且与停车线之间的距离恰到好处，当驾驶员将车停在停车线上时，小车司机的平视视线恰好对着前方下设的信号灯，而大车司机的平视视线则正好对着上设的信号灯。和欧洲其他国家相比,德国的交通标志更大、更醒目,一般情况下,只要沿着交通标志行驶,一定能准确无误地抵达目的地。

从德国的高速公路通信信息系统来看,信息技术的综合运用对公共部门在管理过程中采取及时的对策非常重要。他们把信息系统建设作为提高交通管理水平的重中之重。他们认为,通信系统是其他机电设施的基础,是高速公路安全、高速、高效的保障,它为行车人提供了紧急通信手段,为交通监控系统、收费系统提供了传输手段,为车和路通信提供了联络方式,如紧急电话、光缆、电缆、无线通信、车和路信息采集通信等。没有通信系统,其他设施就变成了孤岛;只有打好基础,建设好交通专用通信信息系统,交通信息化才能发展。

信息技术缩短了公共管理过程,加强了政府部门内部信息的沟通。通过各种信息沟通,许多公务在办公室内就可以解决,不必在组织内各部门之间、在与服务客户之间进行长时间的路途奔波。信息技术的发展引起行政管理方式的创新,通过改善信息基础和信息通信手段,运用先进的信息技术予以支持,可以大大提高公务管理效能。

先进信息技术的采用,使德国的交通管理方式发生了根本改变。德国高速公路通信信息管理系统共分为五个部分:一是专用通信网络;二是紧急电话系统;三是信息采集系统;四是信息显示和发布系统;五是监控管理中心。专用通信网络和紧急电话系统都由联邦交通主管部门建设和管理,所有通信信息设施可直接接入,全国统一标准,紧急电话在汉堡设全国总中心。高速公路上的信息采集、信息处理、交通分析和信息发布及交通信息化等设施由各州政府交通主管部门建设、管理和维护,公共信息对外发布,做到信息共享。监控管理中心由公路交通主管部门负责,与警察部门职责分明。公路交通主管部门负责交通的引导、疏散和信息发布等交通管理,而警察署负责道路安全及监督检查等,两者信息分享,互相交换信息。德国目前在高速公路上未建任何收费设施,对车辆收取的通行费包含在燃油费和养路费中。

德国在高速公路和城市交通的信息化管理中,运用了许多先进的技术手段,如智能交通诱导系统、应急通信系统、隧道安全监控系统、GPS 全球定位系统、GPS

地理信息系统、交通网络控制系统、交通信息发布查询系统等。这些先进的交通通信信息技术手段，为交通管理提供了有效可靠的技术保证，为道路使用者提供了优质的服务。

3. 德国的运输一体化

德国在交通现代化的进程中的一个核心理念就是将运输一体化具体落实在城市公共交通的发展中。运输一体化包括交通基础设施一体化和运输服务一体化。

（1）交通基础设施一体化。

交通基础设施一体化包括枢纽设施的一体化和线路设施的一体化。

枢纽设施的一体化主要体现为依托立体式的综合交通枢纽及普通换乘式枢纽，实现不同运输方式之间的有效衔接和便捷换乘。在德国，几乎所有的大城市都拥有一座集多种运输方式于一体的综合交通枢纽站场，将跨区域远程铁路、城际铁路、市郊铁路、地铁、有轨电车、公交汽车等有效整合在一起，实现了旅客"零距离换乘"。除此之外，德国城市普通换乘式枢纽高度发达，分布广泛，绝大多数的有轨电车与公交汽车等都实现了站点统一共用，极大方便了乘客的换乘。与此同时，在市郊的轨道交通、公交汽车等站点周边，配套有"P+R"停车场，充分保障公共交通与私人交通的有效衔接。

线路设施的一体化，一方面体现为不同范围轨道交通线路设施的一体化，即轨道线路的标准化和可兼容化，传统铁路、有轨电车乃至于地铁的轨道及其配套系统（包括供电装置、信号控制等）大都采用统一标准，绝大多数传统铁路、有轨电车、地铁之间可以共用轨道，极大提高了轨道线路的利用效率；另一方面体现为轨道交通线路与城市道路的一体化，即在城市的中心城区及土地资源较为紧张的地区，将轨道线路镶嵌于城市道路里面，实现了轨道车辆、公交汽车及私人机动车在同一路面上的共行共用，通过先进的信号系统进行道路交通的实时调控，保证整个交通有序运行。线路设施一体化，对于有效整合运输资源，提高线路资源的利用效率具有显著效果。

（2）运输服务一体化。

运输服务一体化主要包括四个方面的统一，即"统一的时刻表、统一的运行模式、统一的车票、统一的票价"。德国政府及相关协会通过采取有效的政策和信息技术手段，促使不同城市公共交通运营企业做到"四个统一"，使承担城市公共交通服务的各种运输方式其时刻表、运行模式、票制、票价等高度统一并衔接配套，不同运输方式实现了一票到底，真正做到客票一体联程，极大地方便了乘客出行，也大大提高了城市公共交通的服务效率和市场吸引力。

4.德国交通运输领域投融资模式

德国的公路被分为联邦级、州级和乡镇级三级，作为世界上先进的工业国，德国的交通十分发达。公路宽阔平坦，分上、下行道，有三条或四条车道。在德国的一些交通枢纽大城市，为缓解交通紧张状况，还建有三四层的立体交叉道。

德国公路养护和管理所需资金，主要有几种渠道与筹措方法。一是一般税收，包括公路使用者税收和道路通行费，二是上市募集融资，三是发行企业债券，用于区域内基础设施建设，四是开发建设物业设施等，并用每年定期获得的租金作为抵押，向银行申请长期贷款。如高等级公路投资公司以一定范围的土地为标的物，以地产开发后的销售权益为依据定价，发行地产投资券，所筹资金用于该片土地的规划设计、征地拆迁、土地平整、道路建设及供电、供水、排水等五通一平的开发。另外，还采取多种国际性融资BOT（建设—经营—转让）、BOB（建设—运营—移交）或TOT（收购—运营—移交）。

德国制定了一些法律和规章吸引资金投资轨道交通等基础设施。例如，地方交通财政资助法（GVFG）规定，可以用矿物油的所得税来改善地方的交通状况，增加城市轨道交通投资的可能性，包括新建或扩建有轨电车线、轻轨线及地铁线。同时，对投资前提和投资规模做了进一步的规定，轨道系统的形式和规模应尽快改善和提高交通状况，符合地区和州一级的法规，遵循客运法规及财政收支法，经济可行。截至2004年年末，在地方交通财政资助法提供的330亿马克的总投资中，有30%可用于新建、改建城市与近郊的轨道交通系统。

近程公交财政区域分配法（REGG）规定，每年都有固定的资金分配给各州与地区，用于新建与改建近程公交系统，而且逐年有所增加。法规中还特别强调了这些资金要优先照顾近程公交客运的轨道交通。还有铁路与公路交叉法（EKRG）、德国铁路股份有限公司资助法（DBGRG）和德国铁路扩建法（BBSCHWAG）等，均对城市轨道交通项目的投资前提和投资规模做了进一步的规定。

5. 德国交通现代化进程对我国的启示

德国交通现代化中，很值得称道的就是关于运输一体化的理念。交通基础设施的一体化有效整合了运输资源，实现了不同运输方式和公共交通与私人交通的有效衔接，大大提高了轨道线路的利用效率，也有利于实时调控，保障交通的有序运行。运输服务的一体化方便了乘客的出行，也大大提高了城市公共交通的服务效率和市场吸引力。

交通一体化是交通运输发展到一定阶段的产物，是交通系统资源的整体优化，是解决城市交通问题的有效手段，是未来城市交通的发展方向。我国城市交通发展面临的交通拥堵、交通安全、交通环境等问题日益突出，学习和借鉴国外发达地区大都市区综合交通规划经验显得十分必要。我国交通运输业在经济快速发展的推动下，进入了综合发展时期，构建和完善我国综合交通运输体系成为我国经济发展的迫切需要。而作为多种运输方式交通网络结合部系统的综合交通枢纽是综合运输体系的重要组成部分，它对综合运输体系功能的完善乃至所在城市的发展都起着极为重要的推动作用。另外，从区域发展的角度来看，区域发展对交通运输的要求是综合性的，各交通运输方式只有协调一致、相互衔接地构成一体化的综合交通体系，才能高效地服务于区域社会经济发展这个整体目标。因此，制订区域综合交通体系发展规划有着非常重要的意义。

随着国家高速铁路、城际轨道、地铁、轻轨及BRT系统的建设，城市公共交通方式逐步多样化发展，因此建立一体化的公共交通系统对缓解城市交通拥挤，促进城市向可持续方向发展有重要意义。在这个过程中政府扮演着决定性的角色，起着举足轻重的作用。在公共交通一体化的建设和管理中政府不仅要进行宏观调控，提供一定的政策优惠，给予法律保障，还要从管理及组织等方面进行协调。因此，充分发挥政府职能作用，才能为公共交通一体化系统的建设和管理提供一个良好的平台，真正实现公共交通一体化的目标功能，解决交通问题。

（五）俄罗斯

1. 俄罗斯的交通现代化发展概述

俄罗斯横跨欧亚大陆，总面积达1707.54万平方公里，是世界上面积最大的国家。俄罗斯有世界最大储量的矿产和能源资源，是最大的石油和天然气输出国，并拥有世界上最大的森林储备和约世界1/4的淡水湖泊。总体上来看，俄罗斯幅员辽阔，资源丰富，是世界八大工业国之一，但工业结构不合理，重工业发达，轻工业发展缓慢，民用工业比较落后。

交通运输业在俄罗斯的国民经济和社会发展中占有十分重要的地位。第一，俄罗斯地域辽阔，需要有强大的交通运输体系以维系国家的统一，保证国土安全完整，增进国内不同地区之间的物质、文化和人员交流往来。第二，俄罗斯的经济建设和发展也有赖于通畅高效的交通运输体系，主要体现在：俄罗斯以重工业为主体的产业结构对交通运输的需求非常大；俄罗斯的经济发展存在明显的地区差异，缩小这种差异必须加强各地之间的交流，运输是其中的重要影响因素；石油、天然气等能源产品在俄罗斯的对外贸易中占据重要地位，这类贸易必须以可靠、发达的交通运输作为保证；俄罗斯具有独特的地理位置优势，具有提供国际运输服务、成为欧亚之间大陆桥运输的极大潜力。俄罗斯各类运输方式俱全，铁路、公路、水运、航空、管道都发挥着各自的重要作用。

2. 俄罗斯交通管理体制变迁

俄罗斯的交通运输业与经济社会之间有着密不可分的关系。第一，俄罗斯作为一个地域辽阔的超级大国，人口、资源及工农业的分布很不平衡，必须有一个强大而发达的运输体系来联系范围广袤的领土，维持国家统一，满足国内不同区域之间的物质、文化和人员的交流往来。第二，俄罗斯是连接欧洲与亚洲及太平洋沿岸地区的纽带，其交通运输体系（尤其是铁路）对于促进欧亚国际贸易发展具有重要作用。从俄罗斯自身的经济社会发展需求来看，以重工业为主的产业结构及石油、天然气等能源产品大量的对外贸易，都对运输能力有较高的要求。第三，俄罗斯东西部区域的经济发展水平差异较大，畅通的交通运输体系有助于缩小区域间的经济差异，促进区域平衡发展。

苏联时期，交通运输体系框架已经基本建立。公共运输业的固定资产在全国生产用固定资产中的比例超过20%，基本建设投资占国家总投资额的10%以上，在整个国民经济中占有重要的位置。铁路建设是整个交通运输体系中的重点，承担了大量的货物运输及旅客运输，全国铁路营运里程仅次于美国，居世界第二位。这段时期，随着经济社会发展的推进，由于铁路建设及经济发展的严重失调，以及不合理的工业、交通运输布局及经济管理体制，铁路开始出现严重的运输矛盾，逐渐不能适应经济发展的需要。尤其进入20世纪70年代以后，铁路系统始终处于高度紧张的状态，成为苏联经济发展中一个突出的薄弱环节。公路在货运方面占的比重还非常小，主要承担客运和短途运输，其客运周转量占总量近一半的份额。海运在50年代后期开始迅速发展，其中远洋运输约占其货物周转量的2/3以上，但在整体运输体系中占的比重较低。内河则是在30年代开始整治，60年代后逐渐建成了一批深水航道，将西部地区各大河连成了一个完整的水运网。管道运输在70年代后发展迅速，主要承担了由东向西输送油、气的运输任务。航空运输则主要承担部分长途客运。

90年代初，俄罗斯开始进行市场经济体制改革，改变了交通运输系统的工作条件及传统的管理模式。1992年1月20日，建立俄罗斯联邦交通部，把原来位于俄罗斯境内所有苏联交通部所属的铁路企业、机构、管理部门的工作业务和财产全部移交给俄罗斯联邦交通部。1996年，俄罗斯联邦交通部开始研究铁路改革方案，因涉及多方利益，这一改革进展缓慢。俄罗斯联邦运输部则延续了苏联运输部的职能，公路、水运（海运、内河航运）、民航都统一归其管理，并开始进行政企分开的改革。另外，管道运输管理局负责管道运输相关事务。

总的来说，20世纪90年代俄罗斯联邦开始尝试进行交通管理体制和机构改革，逐步实现从直接的行政管理过渡到以市场为主体的国家调节，基本上建立了在新的社会经济条件下运输业务活动的法律基础。到20世纪末，运输部管辖范围已经实现了"政企分开、运网分离"，主要负责公路运输网、近海海域运输通道、海港、内河水域运输通道及港口、航空运输空间及机场的基础设施建设和管理，公路、海运、内河和民航企业按照政府制定的规则进入路网、水网、空网开展运输经营业务。但作为交通运输系统最主要组成部分的铁路运输管理部门——交通部，仍然是沿用"政企合一、运网合一"的管理模式，既行使政府管理职能，又负责铁路客、货运输的经营业务。

2001年5月，俄罗斯颁布了《铁路运输结构改革方案》，开始进行为期10年（2001—2010年）、分三个阶段的新一轮铁路改革。这次铁路改革的主要目的是提高铁路运输效率，打破铁路垄断经营的局面，建立竞争机制，实现政企分离，将交通部原本全部承担的国家调控、监管职能与企业经营管理职能分开。俄罗斯交通部被拆分成俄罗斯联邦交通部、俄罗斯联邦运输监督局和联邦铁路交通署，分别负责政策制定、监督和预算，同时新成立由国家100%控股的俄罗斯铁路（股份）公司，独立于交通部，实现"政企分开、机构重组"的战略目标。改革后俄罗斯交通部只保留国家管理职能，铁路营运职能由新组建的俄罗斯铁路（股份）公司承担，并把不影响铁路工作稳定的辅助企业和服务性企业，如机车车辆修理、铁路设备生产、建筑工程企业等，从铁路系统中剥离出去。同时，在铁路运输体系中扩大私有化及融资渠道，鼓励私人公司参与铁路货运及其他服务，并保证所有经营主体在平等条件下使用铁路基础设施。此外，通过改革增加铁路管理与运营财务透明度，拓展铁路投资来源，加快技术更新和改造，提高铁路职工的工作积极性和社会保障水平。

在铁路改革的第一阶段，经过大约3年时间完成所有必需的准备工作以后，2003年9月18日，联邦政府总理签署585号令《关于成立开放式股份公司"俄罗斯铁路"》，正式批准成立俄罗斯铁路（股份）公司，9月23日进行了企业登记注册，10月1日俄罗斯铁路（股份）公司挂牌，标志交通部与俄罗斯铁路（股份）公司实现政企分开。铁路基础设施及相关国有企业的资产同时转让给该公司，各铁路局亦成了该股份公司的分公司。俄罗斯铁路（股份）公司作为运输企业，专门负责铁路客货运输业务的经营管理，其主要职能是，组织铁路旅客和货物运输，铁路运输机车、车辆、线路机械、基础设施及其他设备的维修和采购，提供旅客运输服务，铁路新线、专用铁路的建设，铁路建设和发展投资计划安排，铁路运营的财务核算，医疗卫生和保健等。

在俄罗斯铁路（股份）公司成立半年以后，俄罗斯联邦政府决定对交通运输管理体制进行重大改革调整。2004年3月9日，俄罗斯联邦总统签署395号令《关于联邦执行权力机构的系统和结构》，决定对俄罗斯联邦政府行政管理机构进行大部制改革，不仅大大缩减了部级单位的数量，而且改变了以前联邦部、国家委员会、联邦委员会、联邦总局/署、联邦监督局等多重架构，明确规定建立联邦部、联邦总局、联邦署三级架构，而某些部下设局、监督局/署。其中，撤销了原俄罗斯联邦交通部、邮电和信息部、运输部，成立俄罗斯交通运输与通信部。此后不久，俄罗斯联邦总统于2004年5月20日签署649号令《关于联邦执行权力机构的结构问题》，将俄罗斯交通运输与通信部拆分为运输部和信息技术与通信部，在运输部内增设联邦测绘与制图局。2007年9月24日，颁布1274号令《联邦执行权力机关的结构问题》，对联邦执行权利机构设置再一次进行局部调整，将联邦测绘与制图局撤离运输部。这样，运输部成为仅对全国交通运输系统进行行政管理的政府部门。2009年11月，为了推动俄罗斯铁路进一步改革，俄罗斯铁路（股份）公司董事会决定成立联邦客运公司，作为一家新的独立子公司负责长途旅客运输业务。2010年4月1

日起，联邦客运公司正式接管了俄罗斯铁路（股份）公司的长途客运业务。

新时期俄罗斯联邦交通运输管理体制改革最重要的变化，是将原运输部与交通部合二为一，由新的联邦运输部统管全国各种交通运输方式的行政管理事务。交通部撤销以后，对铁路运输进行监管、调控的政府职能交由新成立的俄罗斯联邦运输部管理。新运输部的内部管理机构也在原运输部的基础上进行了必要的重组构建，增设了铁路运输管理局，开始按新的交通运输管理体制运作。

2007年运输部的再次调整改革，基本确立了当前俄罗斯联邦比较稳定的交通运输整体架构。新的交通运输管理体制，是采用在政府机构内设置统一的综合运输管理部门——联邦运输部的模式。这种管理体制类型的特点是，综合运输管理部门主要负责运输立法、运输政策、发展战略和规划、运输安全、技术标准的制定和实施监管，对各种运输方式进行统一领导和协调组织管理，并不直接从事企业的实际经营业务活动。

运输部的中央组织管理机构包括民用航空国家政策司、公路道路业务国家政策司、公路和城市旅客运输国家政策司、铁路运输国家政策司、海运和内河航运国家政策司、国际合作司、律条法规司、发展规划司、资产与地域计划司、行政管理司、运输安全与专门规划司、经济和财务司、国家政策司。其下属部门管理局包括联邦运输监督管理局、联邦航空运输管理局、联邦公路管理局、联邦铁路运输管理局、联邦海运和内河航运管理局。

根据最新的改革规定，新运输部的主要职责在于负责运输业务活动范围内的相关政策、规划、规章等的制定和修改完善，安排国家对于各种运输方式财政预算拨款计划，与国内有关部门和国外组织、机构签订所需合同，监管调控全国运输系统发展情况及运输安全等。

3. 俄罗斯交通现代化进程对我国的启示

俄罗斯是个现代交通十分发达的国家，有着巨大的交通运输潜力。俄罗斯国土面积广阔，各类交通基础设施齐全，其陆路、水路、航空运输和管道运输都比较发达。但由于国土辽阔，且平均经济水平不高，国家核心运输方式并不是高速公路，而是以铁路和航空运输为主。因国家的主体在欧洲部分，而东部欠发达、人口稀疏，故交通线整体呈现出西部稠密、中东部稀疏的鲜明格局。

我国在交通现代化的过程中，应学习俄罗斯的成功经验，交通运输管理体制必须适应经济社会发展的要求。

从计划经济模式的苏联时期，到新的俄罗斯联邦成立，再到21世纪的交通运输体制改革经过了几次推进演变，其中最大的变化就是把交通运输系统由原来的两个政府部门分管整合为一个部门统一管理，实现"两部合一"。这种"一体化"的管理模式，对幅员辽阔、多民族、地域经济发展不平衡的俄罗斯来说，有助于实现统一管理、协调发展，使运输系统更好地支撑整个国家经济和社会发展。

体制改革系统中变化最大的是铁路运输部门，改变了原来传统的"政企合一"的管理模式，实现"政企分开"。这项改革不仅是对俄罗斯，而且对世界铁路的建设发展都是一次大胆、有益的改革探索。因为俄罗斯拥有庞大且比较完善的铁路运输网，承担着繁忙的运输任务，整个铁路运输工作的组织管理长期以来已成定式，根深蒂固，改革难度相当大。为了更好地满足国民经济和社会发展的需要，适应市场经济发展，新时期铁路改革通过体制改变和机构重组，建立了统一、协调的铁路运输系统，政府监管得到加强，运输企业市场运作更加机动灵活，政府和企业各司其职，克服了原俄罗斯交通部既是"运动员"又当"裁判员"的经营管理弊端，使铁路运输的效率和效益得到提高，整个铁路运输面貌发生了新的变化。

（六）印度

1. 印度的交通现代化发展概述

印度是一个具有悠久历史的世界文明古国，与我国互为邻邦，宗教信仰、文化传统紧密相连，经济上同属发展中国家，近几年印度经济的快速发展成为继中国之后全球经济增长速度最快的国家之一。中印两国的铁路网规模分别处于世界的第三和第四位,印度的铁路体系平均密度比中国要高,遍布整个国家,里程64000公里。2014年,印度铁路每天运送2500万人次旅客。其雇员比印度军队还多,近150万人。然而密集的火车网,却有5万多公里是1947年独立前所建的,很多线路至今改造还是相当有限,拥挤不堪。

印度交通现代化的重中之重是进行铁路的现代化改造。印度的铁道部是独立的工业部门。铁道部的预算也是独立的,自负盈亏,所以铁道部也必须承担起交通现代化的重任。

现代化改造需要大量资金,在中央政府捉襟见肘的财政状况下,提高火车票价是最佳选择。然而作为全民外出的主要交通工具,铁路从来就兼备着社会福利的重大责任。由于在印度,选票决定政党的前途,在任铁道部部长迫于公众和政治压力,不敢提高火车票价,也正因此,印度铁路的现代化一直停留不前,能实施的相当有限。另外,由于印度铁道部在经营上一家独大,其低效、腐败、垄断,也一直备受指责。印度铁路的现代化,陷入深深的泥淖。

印度铁道部从2008年起就开始提出建设高铁的设想,并在近两年规划出6条具体线路,全长超过3000公里,主要连接印度西海岸和北部主要城市。在2011年2月法国交通部长访问印度期间,法国政府就已承诺无偿为部分印度高铁线路做技术评估,同时有英国和西班牙公司加入。不到一个月后,铁路预算方案显示,印度规划的6条高铁线路中,"普纳—孟买—阿默达巴德"线的预可行性研究已经完成,"德里—昌迪加尔—阿姆利则"线技术评估已经完成,政府前期态度积极。目前,印度铁道部已经向中央政府申请成立高铁管理局,负责高铁的研究和建设任务,预计3个月内会得到批复。而在融资方面,高铁将会与原有网络分开,允许私营部门或其他外部部门注资,经济大邦古吉拉特邦政府已经表示,愿意与铁道部合资建设高铁。技术评估完成的线路,目前也开始进行投资估价并寻求资金来源。

虽然铁道部对高铁建设前期筹备积极,在改造旧有铁路停滞的情况下,对新高铁的前景,还是有点让人担忧。规划出来的线路在2012—2017年的五年的计划内实施,但印度有分析却称,要建成第一条高铁,大约得需要10年时间。

印度大基建项目对环境的影响和征地，向来都会遭到民间很大的阻力。同时，社会资本部门如何看待高铁，也是融资环节的一个关键。这些，特别需要时间去解决。因此，印度交通现代化的前景也令人担忧。

2. 印度交通管理体制及其存在的问题

印度实行中央和邦两级政府管理体制，具体到交通行业，体现为中央和邦两级交通主管部门负责交通行业的管理。

（1）中央交通管理部门。

印度政府对交通运输业实行分散管理。在中央层面上，主管交通运输行业的部门有三个：民航部，铁道部，海运、公路运输和高速公路部。其中，民航部负责管理印度的民用航空事业；铁道部负责全国的铁路运输管理；海运、公路运输和高速公路部负责全国水运、公路管理。

第一，民航部。民航部主要职能在于为发展和规范民用航空制定国家政策和方案，实现民航运输的有序增长并扩大民航运输，监督机场设施、空中交通服务、运输旅客和货物空运等工作。

民航部下设中国民航局、民航安全局和机场管理局及铁路安全委员会等机构。其中，中国民航局设有航空运输董事会，由中央政府委派的主席和 5~9 个成员组成。印度航空公司的空运事务和经营总监督、指导和管理均由董事会负责，董事会还经营管理除国际机场之外的民用机场。民航安全局负责协调、监督、检查民用航空安全领域并加强人才培养力度。印度机场管理局成立于 1972 年，负责 4 个国际机场（孟买、加尔各答、德里和马达拉斯）的营运、管理、规划和建设。

第二，铁道部。印度铁道部主管印度国家铁路的规划、建设、管理和经营。铁道部下设有一个铁路征收控制委员会。该委员会于 1905 年成立，被授权全权管理全印铁路。铁路征收控制委员会是铁道部对全国铁路实行直接或间接管理和控制的中间媒介组织和最高行政管理部门，实际上是履行铁路管理总局和部长秘书处的双重职能；在制定铁路规章、建设、养护和营运方面，行使政府的全部权力；有责任就铁路的政策问题向部长提出意见和建议。

第三，海运、公路运输和高速公路部。海运、公路运输和高速公路部的发展经历了多次的结构调整才形成今天的组织形式。从1942年的战备运输部总管港口、水运、铁路、公路、油气运输，到1985年成立的地面运输部，到2000年分为海运部、公路运输和高速公路部，2004年9月又合并为海运、公路运输和高速公路部。

目前，海运、公路运输和高速公路部内设海运局、公路运输和高速公路局两个机构。其中，印度海运局主要负责印度港口、远洋运输、灯塔、内河运输的协调、管理和开发。2004年，印度海运局先后出台了《印度海运政策》和《印度海运发展计划》，成为指导印度海运发展的纲要性文件。

公路运输和高速公路局主管印度的公路建设、公路运输。印度公路运输和高速公路局承建了印度的公路和高速公路建设。

公路运输和高速公路局下辖印度国家公路管理局。印度国家公路管理局（NHAI）是制定港口与公路连接相关条款的权力机构。印度国家公路管理局于1995年正式开始运作。最初的职责是执行5个外援的改善国道（NH）的项目，后又负责执行另外几个国道项目，包括一些BOT（建设—经营—转让）项目铁路运输的运营和管理。

（2）各邦交通管理部门。由于印度的铁路和民航是由中央政府集中统一管理，所以在邦一级政府未设立专门的主管机构。而公路、水路是由中央和地方共同分工负责管理。在公路管理方面，中央负责国家公路和某些具有战略意义的公路建设，各邦负责本邦和乡村道路的建设。

印度的邦级公路管理部门为各邦的公共工程局。各邦的公共工程局负责国道的养护，邦级公路、主要的地区道路和其他地区道路的建设和养护。邦公共工程局在国家公路局总工程师的监管之下，中央公共工程部门和邦公共工程局相互联系和协商，中央公共工程部门向邦提供技术咨询服务。

在水运方面，港口按大小分级，分别由中央政府和邦政府管理，十大港口由中央管理。同时，印度政府在沿海8个邦设立商船部区域办事处，对地方级的商船办事处进行重组。另外，为加强对重点流域的管理力度，印度政府设立了恒河—希拉马普特河水系航务管理局，负责颁发内河运输营业执照、船员证书、制定运价等。

印度政府整体实行国家所有制，具体到交通行业也是如此，印度的交通运输部门全是政企合一的管理形式。铁路是印度最大的国营部门，由政府经营管理。民用航空事业也是政企合一的管理形式。印度航运发展基金会的基金来源于中央政府的拨款。航运和运输部长是委员会主席，成员为财政和司法部的代表、印度航运公司的政府董事等。印度的主要港口由港口托拉斯管理，托拉斯也是政企合一的组织，既经营码头业务，也有行政管理职能。每个主要港口托拉斯的主席由中央政府任命的理事会或高级专员委员会委派。印度的海运企业也主要是国营的海运公司。

这种政企合一的管理形式，使政府部门被赋予过多的权力，权力过度集中。官僚主义严重，部门运作过程中缺乏政策透明度，交通行业运营效率低，经济上严重依赖政府补贴，企业缺乏竞争力。

我国在交通现代化的进程中，不仅要学习发达国家的成功经验，也要着眼于总结分析交通落后国家发展滞后的原因和启示，扫清交通现代化道路上的障碍，推动现代化的顺利开展。

分报告5

交通运输服务业的经济、社会、环境效应分析

一、交通运输服务业的经济效应分析

在一个国家经济起飞期，交通基础设施建设对经济增长具有重要作用。因为基础设施从国内需求方面刺激经济增长，同时改善地区与城市发展条件从国内供给方面促进经济增长。良好的交通基础设施可以减少区域间的交通成本，对于促进贸易流通、人员流动、提高当地竞争力、利用规模经济、减少地区间差距扮演着重要的角色，发挥着区别于其他国民经济行业的基础性作用的正外部效应。

进入21世纪以来，我国交通运输服务业不断加快发展。2012年交通运输业增加值为24959.8亿元，比2000年增加了18798.8亿元，年均增速为12.4%。交通运输业占服务业比重由2000年的15.9%下降到2013年的10.8%，下降了5.1个百分点，如表5-1和图5-1所示。

表5-1　2000—2012年交通运输业增加值及其占比

	交通运输业增加值/亿元	交通运输业占服务业比重/%		交通运输业增加值/亿元	交通运输业占服务业比重/%
2000	6161.0	15.9	2007	14601.0	13.1
2001	6870.3	15.5	2008	16362.5	12.5
2002	7492.9	15.0	2009	16727.1	11.3
2003	7913.2	14.1	2010	19132.2	11.0
2004	9304.4	14.4	2011	22432.8	10.9
2005	10666.2	14.2	2012	24959.8	10.8
2006	12183.0	13.8			

数据来源：相关年度《中国统计年鉴》。

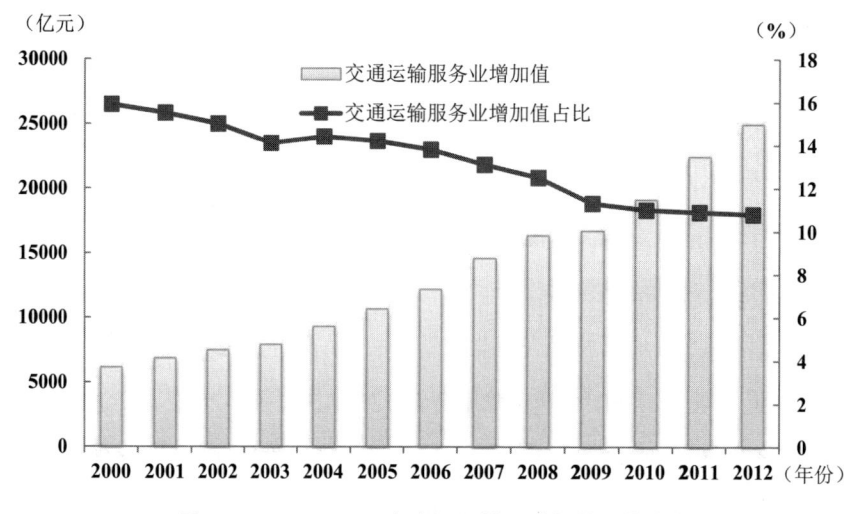

图5-1　2000—2012年交通运输业增加值及其占比

从分地区来看，2012年，东南壁交通运输行业增加值27486.53亿元，所占比重约为10.9%；西北壁交通运输行业增加值2378.02亿元，所占比重约为16.9%。从动态角度来看，东南壁与西北壁交通运输行业增加值绝对差距由2000年的6652.51亿元扩大到2012年的25108.51亿元，相对差距由2000年的19.74倍缩小到2012年的11.56倍，如表5-2所示。

表5-2 2000—2012年我国各地区交通运输业增加值及其占比

	2000年		2005年		2012年	
	交通运输业增加值/亿元	交通运输业增加值所占比重/%	交通运输业增加值/亿元	交通运输业占比/%	交通运输业增加值/亿元	交通运输业占服务业比重/%
北京	190.12	13.15	404.66	8.50	883.58	5.9
天津	178.83	23.98	227.16	14.81	725.05	10.5
河北	415.79	24.39	702	20.89	2377.59	23.7
山西	146.01	22.94	351.19	22.46	891.66	17.7
内蒙古自治区	142.59	28.87	360.19	23.50	1303.73	21.2
辽宁	350.46	19.24	509.37	16.05	1384.09	13.2
吉林	119.1	19.14	208.1	14.72	486.18	10.5
黑龙江	203.13	19.77	318.39	17.16	616.03	10.4
上海	315.42	13.69	582.6	12.61	935.06	7
江苏	557.3707	17.89	741.06	11.42	2530.02	9.6
浙江	428.3	19.57	512.94	9.54	1326.02	7.6
安徽	179.85	17.81	358.71	16.40	707.1	11.2
福建	444.13	28.32	455.18	18.01	1176.19	13.8
江西	194.98	23.86	300.6	21.29	678.62	13.5
山东	553.17	18.26	968.64	16.35	2746.11	12.2
河南	391.88	25.08	625.87	19.67	1309.3	12.7

续表

	2000年		2005年		2012年	
	交通运输业增加值/亿元	交通运输业增加值所占比重/%	交通运输业增加值/亿元	交通运输业占比/%	交通运输业增加值/亿元	交通运输业占服务业比重/%
湖北	256.94	17.24	365.71	13.92	1078.11	11.5
湖南	277.69	19.22	366.72	13.89	1174.29	11.9
广东	908.45	23.95	990.53	10.32	2604.41	8.8
广西壮族自治区	160.87	21.07	225.2	13.63	677.77	13.1
海南	46.97	21.40	64.34	17.21	140.96	9.3
重庆	98.19	15.13	218.97	16.24	580.93	11.1
四川	249.39	18.28	380.28	13.41	751.55	8.1
贵州	64.59	19.30	115.82	14.78	775.09	20.8
云南	119.77	17.73	163.08	11.90	273.51	5.6
西藏自治区	2.12	3.93	11.1	7.95	28.8	6.7
陕西	156.18	24.03	242.12	17.41	657.31	11.7
甘肃	50.07	14.30	144.7	18.38	347.18	13.5
青海	19.19	17.28	31.88	14.94	74.23	10.8
宁夏回族自治区	19.31	19.39	45.81	18.12	201.71	18.7
新疆维吾尔自治区	121.79	24.89	149.63	16.10	422.37	13.5

数据来源：相关年度《中国统计年鉴》。

二、交通运输服务业的社会效应分析

(一)交通运输服务业的就业人数

交通运输是社会经济发展的基础性产业,具有较强的吸纳就业能力。交通运输服务业从业人员总量呈现高增长,在很大程度上缓解社会就业压力。进入21世纪以来,我国交通运输服务业对就业贡献也不断增加。2012年交通运输业就业人数为667.5万人,比2000年增加了31万人,年均增速为0.4%。交通运输业就业人数占服务业比重由2000年的10.82%下降到2012年的8.73%,下降了2.09个百分点,如表5-3和图5-2所示。

表5-3 2003—2012年我国交通运输业就业人数及其占比

	交通运输业就业人数/万人	交通运输业就业人数占服务业就业人数比重/%
2003	636.5	10.82
2004	631.8	10.64
2005	613.9	10.21
2006	612.7	10.04
2007	623.1	9.98
2008	627.3	9.76
2009	634.4	9.51
2010	631.1	9.15
2011	662.8	9.09
2012	667.5	8.73

数据来源:相关年度《中国统计年鉴》。

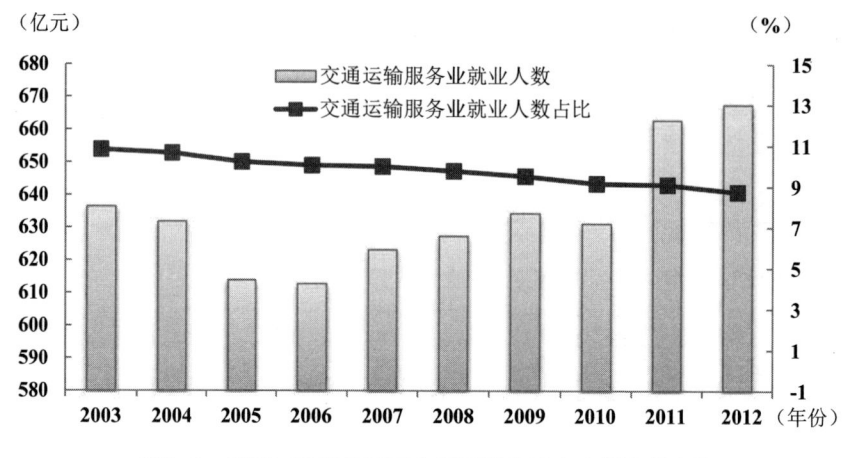

图5-2 2003-2012年我国交通运输业就业人数及其占比

数据来源：相关年度《中国统计年鉴》。

从分地区来看，2012年东南壁交通运输行业就业人数261.91万人，所占比重约为82%；西北壁交通运输行业就业人数57.53万人，所占比重约为18%。从动态角度来看，东南壁与西北壁交通运输行业就业人数绝对差距由2000年的1732万人缩小到2012年的204.38万人，相对差距保持在12倍左右。2012年东南壁交通运输行业就业人数占服务业比重约为8.81%；西北壁交通运输行业就业人数占服务业比重约7.47%，两者相差1.34个百分点，如表5-4所示。

表5-4 2000—2012年我国各地区交通运输业就业人数及其占比

	2000年		2005年		2012年	
	交通运输服务业就业人数/万人	交通运输服务业就业人数占比/%	交通运输服务业就业人数/万人	交通运输服务业就业人数占比/%	交通运输服务业就业人数/万人	交通运输服务业就业人数占比/%
北京	32.25	9.31	37.06	10.55	57.80	10.55
天津	24.71	15.71	11.77	12.28	14.10	11.18
河北	132.32	15.02	25.57	8.88	24.30	7.20
山西	79.76	19.95	19.97	10.65	22.30	10.02
内蒙古自治区	40.95	14.00	15.90	12.29	16.90	11.19
辽宁	97.55	15.08	33.02	13.63	32.80	11.11
吉林	43.22	13.17	17.87	12.22	15.90	9.84
黑龙江	67.79	14.32	27.86	13.77	25.60	11.55
上海	31.80	10.75	32.81	16.89	38.00	13.51
江苏	136.90	13.78	32.98	10.78	30.60	8.33
浙江	96.44	11.42	19.34	8.35	29.40	7.57
安徽	95.47	11.67	16.10	8.38	16.30	7.22
福建	55.36	11.69	15.00	10.03	18.60	9.13
江西	45.58	7.03	16.08	10.31	12.90	6.96
山东	153.61	14.20	29.46	7.41	37.40	7.86
河南	154.80	15.22	32.90	8.22	30.90	6.93
湖北	91.84	10.99	29.33	11.07	24.40	8.11

续表

	2000年		2005年		2012年	
	交通运输服务业就业人数/万人	交通运输服务业就业人数占比/%	交通运输服务业就业人数/万人	交通运输服务业就业人数占比/%	交通运输服务业就业人数/万人	交通运输服务业就业人数占比/%
湖南	91.82	10.86	22.39	9.24	23.60	7.58
广东	130.69	10.40	47.31	10.46	61.80	9.89
广西壮族自治区	58.84	8.45	17.42	9.82	18.50	8.46
海南	11.90	12.31	4.19	10.28	4.50	7.57
重庆	36.00	7.84	13.86	12.54	15.80	9.46
四川	85.90	7.50	22.79	8.35	23.60	7.05
贵州	30.03	6.29	8.74	7.01	9.10	5.76
云南	55.77	14.43	13.15	8.50	13.60	6.32
西藏自治区	3.48	13.95	0.68	4.50	0.60	2.67
陕西	67.26	13.53	20.45	10.51	18.30	7.67
甘肃	32.35	10.50	11.70	10.48	10.40	7.84
青海	8.54	14.41	3.39	12.35	3.40	9.31
宁夏回族自治区	11.84	18.16	3.14	10.05	3.60	9.11
新疆维吾尔自治区	25.05	13.29	11.65	9.64	12.60	8.23

数据来源：相关年度《中国统计年鉴》。

（二）交通运输服务业的职工工资水平

交通运输服务业职工工资水平高于整体行业平均水平，总量呈现高增长。进入21世纪以来，我国交通运输服务业平均工资水平也是在不断上升的。2012年交通运输业城镇职工工资水平为53391元，比2003年增加了37638元，年均增速为14.5%。交通运输业职工平均工资介于服务业行业与整个行业的平均水平之间。2012年交通运输业职工工资水平与服务业平均工资相当，而略高于整个行业的职工平均工资水平，如表5-5所示。

表5-5　2003—2012年我国交通运输业城镇职工工资水平

	交通运输业/元	服务业平均工资/元	全行业平均工资/元	交通运输业与服务业对比	交通运输业与整个行业对比
2003	15753	16524	13969	0.95	1.13
2004	18071	18637	15920	0.97	1.14
2005	20911	21339	18200	0.98	1.15
2006	24111	24359	20856	0.99	1.16
2007	27903	28627	24721	0.97	1.13
2008	32041	33354	28898	0.96	1.11
2009	35315	36669	32244	0.96	1.10
2010	40466	41178	36539	0.98	1.11
2011	47078	47335	41799	0.99	1.13
2012	53391	52703	46769	1.01	1.14

数据来源：相关年度《中国统计年鉴》。

从分地区来看，2012年，东南壁交通运输行业城镇职工工资水平51981元；西北壁交通运输行业城镇职工工资水平52686元。无论是绝对差距，还是相对差距，东南壁与西北壁城镇职工工资水平正在不断缩小。

从分地区来看，2012年，东南壁交通运输行业城镇职工工资水平是服务业工资水平的1.1倍；西北壁交通运输行业城镇职工工资水平是服务业工资水平的1.2倍。在过去的10年中，无论是东南壁，还是西北壁，这个倍数均维持在现有水平上，如表5-6所示。

表5-6 2000—2012年我国各地区交通运输业城镇职工工资水平

	2000年			2012年		
	交通运输业/元	服务业/元	交通运输业与服务业对比	交通运输业/元	服务业/元	交通运输业与服务业对比
北京	18558	18981	0.98	65986	86710	0.76
天津	16820	12986	1.30	75420	67660	1.11
河北	9899	8443	1.17	45696	38858	1.18
山西	10306	7323	1.41	49792	35039	1.42
内蒙古自治区	10239	7922	1.29	53487	45559	1.17
辽宁	11721	9881	1.19	51268	43837	1.17
吉林	9167	8875	1.03	45290	37994	1.19
黑龙江	10979	9356	1.17	44616	39857	1.12
上海	23679	20917	1.13	71062	89111	0.80
江苏	12000	12301	0.98	49167	57068	0.86
浙江	15513	14875	1.04	57737	63941	0.90
安徽	7397	7694	0.96	42787	40916	1.05
福建	14335	12475	1.15	52750	51162	1.03
江西	10111	7942	1.27	51912	38595	1.35
山东	11781	10029	1.17	50097	45671	1.10
河南	11333	7833	1.45	43478	37476	1.16
湖北	9363	8541	1.10	49591	39709	1.25

续表

	2000 年			2012 年		
	交通运输业/元	服务业/元	交通运输业与服务业对比	交通运输业/元	服务业/元	交通运输业与服务业对比
湖南	10377	9390	1.11	45477	40215	1.13
广东	19864	16392	1.21	58895	58821	1.00
广西壮族自治区	10582	8407	1.26	43413	37041	1.17
海南	13342	9955	1.34	51948	42451	1.22
重庆	8456	8729	0.97	48702	49328	0.99
四川	10352	9343	1.11	53841	46469	1.16
贵州	9795	8117	1.21	47049	40700	1.16
云南	11247	9901	1.14	50069	40291	1.24
西藏自治区	17054	15792	1.08	55689	50319	1.11
陕西	11417	8288	1.38	45982	41624	1.10
甘肃	11371	8896	1.28	43603	33522	1.30
青海	13847	10905	1.27	57690	46262	1.25
宁夏回族自治区	12258	9592	1.28	50730	44522	1.14
新疆维吾尔自治区	12790	10703	1.19	62427	44884	1.39

数据来源：相关年度《中国统计年鉴》。

三、交通运输服务业的环境效应分析

进入 21 世纪以来,我国交通运输服务业能源消耗总量不断上升,占全社会能源消耗量的比重不断上升。2012 年交通运输业能源消耗总量为 31525 万吨标准煤,比 2000 年增加了 231435 万吨标准煤,年均增速为 8.9%。交通运输业能源消耗总量占比由 2000 年的 7.61% 上升到 2012 年的 8.71%,上升了 1.1 个百分点,如表 5-7 所示。从能源消费结构来看,交通运输以石油消费为主,交通运输石油消费年均增速约为 10.1%,远远高于全社会能源消费增长率,加剧中国石油供应紧张局面。所以,交通运输能源消耗增幅和比重显著上升,已经成为中国节能减排的关键领域。

表5-7 2000—2012年我国交通运输业能源消耗总量及其占比

	能源消费总量 / 万吨标准煤	交通运输业能源消费总量 / 万吨标准煤	占比 / %
2000	145530.86	11241.59	7.72
2001	150405.80	11613.11	7.72
2002	159430.99	12313.22	7.72
2003	183791.82	14116.19	7.68
2004	213455.99	16642.21	7.80
2005	235996.65	18391.01	7.79
2006	258676.30	20284.23	7.84
2007	280507.94	21959.18	7.83
2008	291448.29	22917.25	7.86
2009	306647.15	23691.84	7.73
2010	324939.15	26068.47	8.02
2011	348001.66	28535.50	8.20
2012	361732.00	31524.71	8.71